金花的秘密

THE SCREAT
OF
GOLDEN FLOWER

〔德〕卫礼贤
〔瑞士〕荣格
著

邓小松
译

图书在版编目（CIP）数据

金花的秘密／（德）卫礼贤，（瑞士）荣格著；邓小松译. —2 版. —北京：中央编译出版社，2020.11（2025.3重印）

ISBN 978-7-5117-3877-6

Ⅰ.①金… Ⅱ.①卫… ②荣… ③邓… Ⅲ.①中华文化-文化研究 Ⅳ.①K203

中国版本图书馆 CIP 数据核字（2020）第 201195 号

金花的秘密

责任编辑	土丽芳
责任印制	李　颖
出版发行	中央编译出版社
地　　址	北京市海淀区北四环西路69号（100080）
电　　话	（010）55627391（总编室）　（010）55627313（编辑室）
	（010）55627320（发行部）　（010）55627377（新技术部）
经　　销	全国新华书店
印　　刷	北京汇林印务有限公司
开　　本	880 毫米×1230 毫米　1/32
字　　数	106 千字
印　　张	5.25
版　　次	2020 年 11 月第 2 版
印　　次	2025 年 3 月第 13 次印刷
定　　价	36.00 元

新浪微博：@中央编译出版社　　微　信：中央编译出版社（ID：cctphome）
淘宝店铺：中央编译出版社直销店（http://shop108367160.taobao.com）（010）55627331

本社常年法律顾问：北京市吴栾赵阎律师事务所律师　闫军　梁勤
凡有印装质量问题，本社负责调换，电话：（010）55627320

目录

译者前言　/1
英文初版译者序　/7
英文新修正版译者序　/13
德文第二版荣格序　/16
德文第五版序　/20

关于《太乙金华宗旨》　/卫礼贤　23

一、此书的来源　/25
二、此书的心理和宇宙论背景　/36

《太乙金华宗旨》的分析心理学评述　/荣格　49

引言　/51
　一、一个试图了解东方的欧洲人所面对的困难　/51
　二、现代心理学为我们提供了理解的可能　/59

001

金花的秘密
The Secret of The Golden Flower

基本概念　/74

　　一、道　/74

　　二、回光和中心　/77

关于道的现象　/91

　　一、意识的蜕变　/91

　　二、阿妮玛斯和阿妮玛　/102

意识与外物的分离　/112

成就　/122

结论　/133

　　欧洲曼陀罗的例子　/135

悼念卫礼贤　/荣格　146

此幅藏传佛教曼陀罗为本书原版的卷首插图。荣格收藏了丰富的东西方曼陀罗作品，并对其中所蕴含的心理意义有深刻的理解。

译者前言

在西方学者中,心理学大师荣格可谓对于东方文化特别地亲近。因此也使中国人对于荣格的心理学别有一份亲切感。正是基于这种亲切感,我翻译了这本谈论中国文化的小书。

荣格师从弗洛伊德,然而青出于蓝而胜于蓝。他的贡献远远不止于对不同性格类型的详尽分析,诸如大家耳熟能详的外向与内向性格。他最突出的贡献是在人类心灵的深处找到了最为根本的人生动力。人类的心灵结构是相同的,而且有着共同的心路历程。在不同的种族与文化背后是共同的发源地——集体潜意识。这比弗洛伊德的潜意识与情结理论更加深入。集

金花的秘密
The Secret of The Golden Flower

体潜意识处在人们所熟知的意识与潜意识之下，是更深的一层。在这一层面，人类共享各种原型。原型的内容大多可以用宗教含义来理解，又往往以神话形式来展现。神话其实是被误读的心理学，是对最深层心理体验的拟人化投射。《金花的秘密》这本书中所举的例子之一是背景完全不同，来自不同国家的人都画出了具有相同基本结构的曼陀罗，很显然，曼陀罗不只出现在佛教密宗中，而是充斥在全人类的文化之中，坛城的中心代表着人类精神的中心点，那是全人类的精神寻宝图。这样的例子还有英雄这一概念，无论你来自哪里，英雄的概念基本一致。荣格在对病人进行心理治疗的过程中发现许多相同的神话或宗教象征出现在各种背景完全不同的人的梦中，这些广泛存在的共同象征无法用弗洛伊德的理论解释。比如有人在危难时刻见义勇为，他这么做并不是因为他性压抑，而是因为见义勇为行为的心理基础广泛存在于人类的内心深处，正如英雄或救世主的形象经常出现在人们的梦中。荣格与弗洛伊德开始有了分歧，最终导致了决裂。决裂后的一段时期，是荣格的苦闷期，他甚至怀疑自己的发现是否有意义。他辞去职务隐居在家，苦苦思索自己的理论体系是否有任何可借鉴的依据。正是在这时，他收到了卫礼贤翻译的中国典籍《太乙金华宗旨》，他在古老的东方智慧中找到了知音，这是他一生的转折点。

人类的自我意识是近代的产物，整个近代史就是人类不断远离自己的根，不断地强化着自己的意识而远离集体潜意识的历史。原始初民还不像我们现代人那样有着明显的我和他，主观世界与外部世界的界限。这就是为什么有些原始部落的人认为自己的灵魂的一部分存在于某一棵大树之上或鳄鱼身上，所以他们可以对某棵圣树顶礼或在满是鳄鱼的河流中横渡而毫无畏惧。荣格不是要大家回到初民状态，而是要重新找回我们精神的家园，这样人生才可以得到升华，才可以享受更圆满的人生。最低也可以使人们在情感与事业的各种纠缠中具备更强大的心灵去面对。这是分析心理学的宗旨,也是荣格学说的意义之所在。

读荣格的自传可以发现,通过各种神秘事件的推动,他后期迷恋诺斯替教与炼金术,认为其实生活中根本就没什么偶然。人类精神发展的路线按照荣格的归纳是:人类的形成—神话—诺斯替教——切宗教的起源—炼金术(继承了诺斯替教的传统)—人类自我意识的启蒙(一次大规模的精神世界大转移,从仰望上帝、追寻上帝到低头开始环顾四周,开始了海上的远航)——即今人类最大的一场运动,全世界范围内的去宗教化而世俗化。在这一过程中,炼金术有着特殊的地位。荣格认为炼金术最后其实是在炼心,炼金术的过程是人类心灵活动在物质世界中的投射。炼金的最终目标——哲人石,用中国哲学的话说即是天人合一,按西方宗教的话说即是找到了上帝。总而言之,金子只是这一过程的副产品。

关于荣格理论的背景介绍,我最后想要强调的是,在最根源处,在集体潜意识中,一切二元对立都泯灭了,如阴阳、水火、黑白、自他、主观与客观等。我们的世界是由一组组对立的概念构成的,当一切对立在你面前消失时,那种境界也许就是所谓的超越,这是荣格对涅槃与道的心理学解释。

在本书中,荣格对以中国文化为代表的东方文化推崇备至,认为中国其实有着非常发达的科学(不同于西方所谓的科学)——易经。读到这些文字,我既感到无比的骄傲,同时又为自己对自家文化未尝有深入的研究而感到惭愧。

翻译是件苦差事,尤其是荣格的书。自己看得兴奋是一回事,但要翻译出来就要有耐心。是一种推动国人重新审视中国文化的愿望鼓舞着我,让我在寒冬冷清的咖啡馆里度过了一个个孤独的夜晚。如果人类文化真是同根同源,那么世间的一切挣扎与斗争又是多么的荒谬。我不禁想起三国时曹植的诗:煮豆燃豆萁,豆在釜中泣。本是同根生,相煎何太急?

金花的秘密

The Secret of The Golden Flower

  我希望这个译本可以为那些在人生的道路上坚持自己的善良，在实践中无私地帮助他人的人们提供再多一点理论上的依据。最后，我套用一句做电视主持人时常说的话作为这个要求必须写的译者前言的结尾：请大家先鼓掌，后欣赏。

邓小松

英文初版译者序

1929年秋,《金花的秘密》德文版出版,本书是这一版本最权威的英译本。① 1930年3月1日,理查德·威廉姆(Richard Willhelm,中文名卫礼贤)辞世。同年5月,在慕尼黑为他举行了悼念活动,荣格应邀做主要发言。在卫礼贤逝世一年多之后,这个英译本得以出版问世,荣格纪念卫礼贤的发言也被收入在这个英文版中。荣格的发言引起了很大反响,不仅仅因为他对卫礼贤的评述,更因为他对东方思想观点的进一步阐释。

东西方思想的关系是高度矛盾和混乱的。一方面,正如荣格指出的,东方经典是不经意间从潜意识的后门

---

① 译者的翻译得到了荣格本人的审定。——中译者注

进入到我们中间的,并以非同寻常的方式强烈影响了我们;另一方面,我们又以强烈的偏见抵制它们,认为它们是精心编织的玄学,是科学心智的毒药。

假如有人对东方以隐蔽的方式影响我们深远的程度有所怀疑,那就让他考察一下今天被称之为"玄学思潮"的各个领域吧。千百万人卷入了这些由东方观念主导的运动。没有任何迹象可以表明这些活动是建立在正确的心理理解基础之上,因此它们是被完全扭曲的①,这才是我们世界面临的真正威胁。

对东方思想的片面认识以及西方人对内心世界体验固有的无知与怀疑,共同构成了对真正的东方智慧的偏见。当中国人的智慧呈现在一个西方人面前时,这个人很可能会怀疑地扬起眉毛问:为什么如此高深的智慧不能解救中国于目前的苦难呢?当然,他也不禁想到中国人会有同样的疑问:为什么西方那么自豪的科学知识,更不用提同样令人自豪的基督教义,没能拯救西方于世界大战呢?事实上,目前中国的状况不能说明中国智慧

---

① 指西方迷信者对东方观念的错误理解。——中译者注

英文初版译者序

无效。同样，世界大战也不能证明科学是无用的。在这两种情形中，我们双方都在盯着东方和西方生存准则的阴暗面。无论东方还是西方的个人乃至国家，都还未解决各自德行上的瑕疵。只精通内心世界而轻视外部世界，必然导致大悲剧的结局。只精通外部世界而排斥内心，会使我们的内心走火入魔，乃至徒具文明的外在形式而仍然处于未开化的状态。嘲笑东方把精神奉若神明，或是错把科学认作是对人性的破坏，都不是解决问题的办法。我们必须认识到，在现实世界中精神必须依赖科学为其指导，科学必须转向精神以解释生命的真谛。

这就是本书的宗旨。通过卫礼贤和荣格的共同努力，我们第一次有了一条理解和欣赏东方智慧的途径，并从这种东方智慧中获得我们内心各种需求真正彻底的满足。这种理解摆脱了玄学，致力于心理学的理解体验。有了心理学这个全新的工具来探讨东方智慧，就避免了西方那些狂热迷信之人对东方的扭曲。尽管我们和东方之间有巨大的隔阂，但当我们明白双方都是按照非常相似的途径来关注内心世界时，东方思想对我们就有了更加深化的意义。

金花的秘密
The Secret of The Golden Flower

这本书不仅仅给了我们了解东方的新途径，而且加强了西方对心灵的重视。今天重塑价值观的进程迫使现代人从集体主义传统的襁褓世界进入个体选择的成人世界。现代人懂得了他的选择和他的命运有赖于他对自身的了解。近些年的许多事使人们了解到那些心灵中不容怀疑的元素，然而他们往往仅仅抓住了静态层面，最终只是得到了一份心灵内容的清单，徒自增添了疲劳感，而无益于去把握他所面临的问题。人们真正需要的恰恰是从变化和更新的角度来认识自身。当看到物质世界在他的科学目光前消失而以能量世界形式重现的时候，他问自己一个大胆的问题：难道在他的心灵里没有蕴藏着未被发现的力量？如果能正确地理解它，是否能带来自我理解的全新境界，从而保障他的未来呢？在这本书中，这个问题将从两个截然不同的领域得到解答，那就是中国瑜伽和分析心理学。抛开它古老的文化背景，《太乙金华宗旨》一书所揭示的正是深藏在心灵中的力量成长的秘密，这些力量也展现在西方人的心灵之中，这就构成了荣格评注的主题。荣格在他的评注中揭示了缘于正确对待这些心灵之力所产生的意义深远的心理发展。

在德文版中,荣格的评注放在前面,其后是卫礼贤的讲解,最后附以《太乙金华宗旨》德文译本。在荣格的要求之下,这个英文版顺序改为卫礼贤讲解在前,荣格评注在后。

汉语词汇在这一版做了意译。在必要的音译方面,我借助于阿瑟·韦利先生①和 F.C.C.埃格顿上校的帮助。后者还慷慨地帮助我整理稿件。

为了能够记忆众多中文概念之间的关系,诸如性与命、鬼与神等,我增添了两个小结②,一个是文字形式,一个是图表。

非常幸运的是,我的翻译得到了荣格博士的指导,同时还得到了荣格夫人更进一步的支持,使我能够克服困难而取得成功。

---

① 阿瑟·韦利(1889—1966),英国汉学家、汉语和日语翻译家。——中译者注

② 正如英译者所说,这两个小结是为了不了解汉语的西方人把握中文概念而编制。由于中译本直接面对中国读者,故中文版不再收入这两个小结。——中译者注

我还有幸请尔拉·鲁达凯维茨博士通读了全部手稿并提出意见,我在此对她无法估价的帮助深表谢忱。

卡里·F.贝尼斯

1931年于苏黎世

英文新修正版译者序

从《金花的秘密》英文第一版出版到现在已经过去了30年。其间，我们经历了第二次世界大战，而第三次世界大战也初露端倪。人类毫无顾忌地将其能量用在外部世界上。在这个外向性的时期，精神的绿洲在地平线上退却。它还能存在吗？本书的新版给了肯定的回答。它告诉我们，人类永远不会真正失去精神绿洲和对内部世界的探索，通晓心灵将依然是人类的终极目标。为了这一目标工作了一生的荣格、本书的作者之一，也于今年辞世而去。谨以此英文新修正版的出版作为对他的纪念。

在《金花的秘密》德文第五版中，增加了几页和《太乙金华宗旨》密切相关的另外一部中国瑜伽经典的内容，这就是《慧命经》。这部分新的内容是第一次以英文的形式出现，还附有萨拉姆·威廉姆所做的介绍和注释以及她的丈夫所做的简要但重要的述评。另一项第一次以英文形式出现的新内容是荣格为德文第二版写的前言。

这一版还有一些重要的术语修正。在海尔玛特·威廉姆的建议之下，"性"改译为"人性"。和"性"对应的词是"命"，两者都是宇宙的原理（天理）。当然，对于西方人来说将人性上升到天理的高度会让他们感到吃惊，但这是中国哲学的基本思想。第三个宇宙原理是"慧"，来自《慧命经》，在新版中十分重要。"慧"与"性"相关但又不同一。它们的共同点是都和"命"相对，但在中国的思想中是互相独立的概念。

也是在海尔玛特·威廉姆的帮助下，另一个翻译上的重要变化是用"能量"替换了"力量"，比如"回流能量"①。

---

① 即《太乙金华宗旨》中的"逆法"一词。——中译者注

译文经过仔细修正和核对，以期尽量准确。除了上述修正之外，海尔玛特·威廉姆对他父亲所写的那部分译文做了不少重要改进。我还要感谢他为新的内容所做的脚注以及对"性""命""慧"的关系所做的阐述。

我的女儿，西梅娜·德·安古拉也对全书的修订给予了不可或缺的帮助。

卡里·F.贝尼斯
1961 年于康涅狄格州莫里斯

德文第二版荣格序

我已故的朋友卫礼贤，这本书的作者之一，在我的工作最关键的时候给我送来了他翻译的《太乙金华宗旨》。我从1913年起就对共同潜意识的过程进行研究，可是对取得的成果在多方面存疑。它们不仅超越了已知的"学术"心理学的一切范畴，并且跨出了心理治疗或严格地说是个体心理学的界限。我的发现与现象学有关，但迄今为止所知的现象学的分类和方法不能再被用来解释这些发现。我15年的努力所得的结果由于没有什么可以与之比较而得不到确定，我没有找到比较系统的人类经验记录可以让我用来支持我的发现。只是在关于诺斯替教徒的报告中，我找到一些相似例证。但我必须承认，这些零星的记录显得太过遥远。虽然和我的发

德文第二版荣格序

现有一些相关性，却丝毫没有让我轻松，反而使我的工作更加困难。因为关于诺斯替教徒的报告中只有极少的瞬间心理体验的记载，而主要内容还是关于推理及其体系化的修正。而这极少的可用内容，大部分还是来自基督教反对者①的报告。由于文献的混乱和怪异，可以说我们对诺斯替教的历史和内容只能有片面的认识，因而很难得出任何结论。再考虑到文献距今已有一千七八百年的时间跨度，引用这些材料来佐证我的发现，对我来说心里就更不放心了。此外，这些材料只能和我的发现中次要的部分建立一些相关的联系，而和最主要的课题仍有割裂，因此我不得不放弃使用诺斯替教徒的资料。

卫礼贤送来的经典帮助我摆脱了困境，经典中正好包含了我在诺斯替教徒文献中搜寻未果的内容。因而本

---

① 诺斯替教是西方早期宗教，相信所有人都来自同一神圣之处——更高的境界，我们在这个世界上其实是流落此处的他乡之客，全人类都已忘记自己的高贵出身。人类的目标是尽一切努力"回家"。基督教兴起后形成了基督教诺斯替教派，被正统基督教派视为异端。——中译者注

书成为一个发表我的一些基本研究结果（即便是还不成熟）的很好的机会。

《太乙金华宗旨》不仅仅是中国道教瑜伽的经典，也是炼金术的秘籍，起初这对我似乎不重要，然而接下来对拉丁文炼金术资料的深入研究改变了我的观点，让我认识到这部经典的炼金术性质具有头等重要性。但在这里，确切地说，这一点不是我要更进一步说明的。我要强调的是，《太乙金华宗旨》使我第一次步入了正确的轨道。在中世纪的炼金术中，我找到了诺斯替和共同潜意识之间的关联性，并可以在当代人的心理观察中得到印证。①

我借此机会还要指出一些即使是学识渊博的读者阅读这本书时也可能会产生的误解。常常有人认为我出版这本书的目的是给予公众一种获得幸福的实践方法，这些读者试图模仿中文经典中所叙述的方法去实践，这完全误解了我在述评中所阐述的内容。让我们希望这种深

---

① 在我 1936 年和 1937 年发表于《爱诺思年鉴》的两篇文章中，读者可以找到更多关于这方面的内容。这些材料也收于荣格的《心理学与炼金术》。——英译者注

奥精神的代表们越少越好!

另外一种误解导致了一种说法,认为我在述评当中一定程度上勾画出了我的心理疗法,据说是为了治疗的目的,我把东方思想灌输给我的病人。我不相信在我的述评中有任何导致这种迷信的内容。在任何情况下,这种意见都是错误的,它基于一种广泛存在的概念,即心理学是针对特定目的的发明而不是实证科学。在这方面,还有一种浅薄无知的说法,即共同潜意识是"形而上学"的。任何一位认真阅读的人都会清楚问题出在把实证的概念等同于本能的概念。

在第二版中,我加入了我在1930年5月10日卫礼贤悼念集会上的讲话,这一讲话已发表在1931年英文第一版中。

德文第五版序

在这一版中附加了另外一部与《太乙金华宗旨》类似传承的中国传统禅修书的前言部分的翻译。这部书和《太乙金华宗旨》同时出现在一部合订本①中。卫礼贤在1926年为这部禅修经典写了如下简介:

《慧命经》为柳华阳于1794年撰写。作者出生在江西,后在安徽双莲寺出家。此翻译的底本采用了由署名慧真子的人在1921年编定的印了一千册的新版本,这一版本中还包含了《太乙金华宗旨》。

---

① 该版本题名《长生术·续命方》,其中《长生术》部分即《太乙金华宗旨》,《续命方》部分即《慧命经》。卫礼贤德译本即依此版本翻译。——中译者注

德文第五版序

这部经典兼有佛道两家的修行指南。其基本观点是：在出生时，心灵的两个半球——意识和潜意识——就分离了。意识是标志着所分离的被个体化了的元素，而潜意识是他与宇宙相通的元素。通过修行使这两者合为一体是这本书要表达的基本原理。意识必须进入潜意识播种，然后，潜意识被激活并携手被加强了的意识以精神再生的形式进入一个超个人（即全人类共同的）的心智层次。这种再生首先会引起以分别心为基础的意识境界转变为自主思维结构，修炼的结果是消除一切分别，达到最终的生命整合，即超越二元对立的大自在。

这部经典的德文翻译最早发表在达姆施塔特出版的《中国科学与艺术》1926年第3期第104—114页，译者是L.C.娄。娄博士当时是卫礼贤的合作者，任法兰克福汉学院的秘书。此翻译是在卫礼贤的建议之下进行并由卫礼贤本人做了修改，因此和《太乙金华宗旨》的翻译风格非常接近。鉴于《中国科学与艺术》

发行量非常有限,因而借此机会收入此译文,以飨更广大的读者。

萨拉姆·威廉姆

1957 年

关于《太乙金华宗旨》

卫礼贤

关于《太乙金华宗旨》

一、此书的来源

此书出自中国的秘密教派。很久以来它一直是口口相传，然后才有了文本。第一次成书于乾隆年间（18世纪）。1920年，《太乙金华宗旨》与《慧命经》合订本在北京印了一千册，只在编者认为能够理解书中内容的一个小圈子里传播。我就是在这时得到了其中的一本。源于当时中国政治与经济环境的迫切需求，一种宗教的觉醒促成了这本小书的印刷和流通。这期间出现了一系列的神秘教派，他们通过修炼古老的秘密功法，使自己在精神上脱离生活的苦难。他们修炼的内容包括画符、祈祷和祭祀等。除此之外，他们也使用在中国很流行的

金花的秘密
The Secret of The Golden Flower

降神，以期与神灵或死者取得直接联系，他们还会用到扶乩①，中国人也称之为鸾笔。

与这些功法并存的是一个倾力于精神修炼的地下运动，精神修炼的内容就是禅定或其他中国瑜伽功法。这些功法的修炼者与欧洲练瑜伽的人完全不同。在欧洲练瑜伽的人们眼中，这种方法只是一种运动方式，但这一功法的修炼者几乎毫无例外地是要追求修成正果。中国人认为他们有着一种可以完全确定得到证悟的方法（正如荣格准确地指出的那样，直到最近中国人的思维在许多最基本的层面都与欧洲人不同）。除了从如梦如幻的外部世界的苦难中解脱出来这一目标之外，不同的门派还有许多具体的细化目标。最高级的派别使用禅定的解脱去证悟佛教的涅槃，或者以此书中提到的为例，他们通过整合人心灵中对立的力量来为死后的世界做准备。

---

① 传布这部经典的人用这种方法给自己写了一篇来自吕祖的前言。吕祖为唐代大师，该书据说是他所作。然而这个前言与该书的宗旨毫无关系，和大多数此类产品一样，平淡无奇，意义不大。——原注

关于《太乙金华宗旨》

这样死后的灵魂就不仅仅是必定要化为乌有的鬼魂，而是一个有着清醒意识的精神体。另外，与这一方法一脉相承，还有一些门派通过证得的定力对自己的交感神经系统（我们欧洲人或许还会扯上内分泌系统）施加心理作用力。这种影响力可以增强并提升生命过程并使其持续，乃至于可以以和谐结束生命的方式克服死亡。和谐结束生命指的是，作为产生于自己的能量体系的独立的元神，这一精神体可以放弃自己的肉身，像蝉蜕一样从肉身中出窍。

较低层次的派别通过这种修持以期获得神力，可驱鬼去病，他们会使用口诀和书写的符咒。这种功法有时会引起大面积的精神异常，最终在宗教或政治反叛中释放出来。近期，道教中各派融合的趋势在这些派别中得到了体现。他们认为五大世界宗教（儒教、道教、佛教、伊斯兰教和基督教，偶尔甚至还会提到犹太教）的信徒都可以入教而且不用放弃自己原本的宗教信仰。

在简要描述了这种运动在我们这个时代产生的背景之后，还一定要提及本书教义的来源。随着重要的发现

金花的秘密

The Secret of The Golden Flower

公之于众,我们发现本书的内容比其成书的时代要早得多。《太乙金华宗旨》① 可以追溯到 17 世纪的雕版经书。现在这个版本的编者曾经告诉我,他是怎样在北京出售古旧书与古董的琉璃厂发现此书的残本,之后又通过一本友人的书将之补全的。此书口述的传承甚至比雕版经本还要久远,可一直追溯到 8 世纪唐代的金丹教。据说此教的教宗是著名的之后被称作八仙之一的吕洞宾,关于他有着大量的传说。正如唐朝时本土的或异域的所有宗教一样,这一门派也得到了政府的包容与支持而广为流传。但因为它毕竟是神秘教门,渐渐地由于其成员被怀疑有政治阴谋而受到迫害。充满敌意的历代朝廷一次次地处决其成员,最后一次是在清政府倒台之前。② 这次镇压之后很多信徒改信基督教,没有正式入教的成员也对基督教心存好感。

---

① 中国编者将该合订本中的《太乙金华宗旨》部分改名为《长生术》。——原注

② 1891 年,15000 名金丹教成员被清政府军方杀害。——原注

关于《太乙金华宗旨》

此书对金丹教进行了详尽的描述。其中的箴言均出自吕岩（即吕洞宾），书中他被称为吕祖，他生活在8世纪末9世纪初。书中附加了后人对其语录的评注，这些评注与原文一脉相承。

吕岩又是从哪里得到如此深奥而又神秘的知识的呢？他自己认为这些知识来自"楼观道"祖师——关尹喜（关指函谷关）。按照传统说法，老子的《道德经》正是为关尹喜而著。事实上，不难发现吕岩的体系中有很多观点都是来自《道德经》中深奥隐晦且神秘的教义。例如"神在谷中"① 与老子的"谷神"如出一辙。由于道家术士一直试图通过炼金术找到一种可以点石成金并能让人长生不老的灵丹妙药（哲人石），到汉朝时期，道教越来越沦为一种外在的巫术。但吕岩的运动却意味着一种改革，炼金术的符号变成了心灵修炼的坐标。从这点来看，这与老子最初的观点相合。然而，总的来说，老子传播的是一种自由的意志，他的继承者庄子鄙视瑜伽练习以及自然治疗师

---

① 见《太乙金华宗旨·回光验证第六》。——中译者注

金花的秘密

The Secret of The Golden Flower

和长生不老药追随者的欺骗手法。尽管他自己也是修行者，并通过修炼产生了"合"的直觉①，在此基础上建立了自己高度发展的体系。受佛教的激发，吕岩的思想体系中存在着某种宗教倾向，这让他相信一切外在事物都是虚幻的，但它又与佛教教义有着明显的区别。佛教否认任何自我存在，而吕岩却认为修行人应毕其全力寻求这滚滚红尘中能够证得永生的支点，这点与佛教宣扬的教义截然不同。然而，当时在中国占据统治地位的汉传佛教对吕岩的思想影响却不容低估，佛经被一次又一次引用。事实上，人们或许难以设想，在本书中表现出的佛教思想的影响总体而言比早期金丹教的影响还要大。书中第三章第二部分明确参考了被称为"止观"的方法，后者是被智𫖮大师（538—597）的天台宗采用的纯粹的佛教方法。

从这里，该书中思想顺序上的某种突破变得清晰起来。一方面，金花的培育得到进一步阐述，另一方面出

---

① 庄子打破人与人、人与物之间的区别。认为万物皆备于我而天地与我为一。——中译者注

关于《太乙金华宗旨》

现了否认世界而强调将目标转向涅槃的纯粹佛教观点。从精神高度和作品整体性的角度考虑，随后紧接着的几个章节①有些东拼西凑，实在没有更大的价值。此外，尽管书后面的几个部分被宣称为最终目标，但通过"回光"达到内心再生和圣胎创造的工作仅仅在第一部分进行了描述（可参看柳华阳的《慧命经》，对后面的阶段做了更详细的解释）。基于这一点，我们无法摆脱这样的怀疑：手稿的一部分事实上已经丢失，代替品另有源头。如果事实确是如此，就能解释为何本书的连续性上有落差，以及未翻译部分为何质量较差。

然而，如果人们能不带任何偏见地阅读，就会发现道教和佛教这两大源头并没有涵盖这本书的所有思想。儒教基于《易经》的形式在书中也得到了体现。《易经》中八个基本的卦象在书的很多章节中被当作某些心理过程的象征，我们将会进一步解释使用这些符号（八卦符号）所产生的影响。此外，由于儒教和道教有着广泛的共同基础，这两种思想流派的融合并

---

① 这些章节在当前的翻译中被省略了。——原注

金花的秘密
The Secret of The Golden Flower

没有对文章的一致性造成任何损失。

看过这本书的很多欧洲读者可能会明显地感到书中有些说法与基督教义相似。而另一方面,一些在欧洲通常被视作教会措辞的耳熟能详的语汇,由于它们所适用的心理情境不同,在此书中也有了不同的解释。下面是我们随机选取的一些尤其明显的直觉和概念的表达:性命不可见,寄之天光。天光不可见,寄之两目。精水与神火必须被植入意土,意土就像孕育胚胎的子宫或耕作过的土地,人的精神就能从中获得重生。让我们比较一下约翰的说法:"我用水为你们洗礼,在我之后会有一个人用圣灵和火为你们洗礼。"[①] 或者:"若一个人不是生于水和圣灵,他就不能进入神的国。"[②] 在此书中,精水成为修行的种子,这是多么发人深省啊!为了生命的延续而耗尽自己(从肉

[①] 此段文字出于《圣经·马太福音》。——中译者注

[②] 此段文字出于《圣经·约翰福音》,后面还有"从肉身生的就是肉身,从灵生的就是灵"之语句。——中译者注

身生的就是肉身）的"神光外泄"与施行"逆法"（metanoia①）是多么的不同啊！

沐浴，就像约翰所宣扬的洗礼和基督教中的洗礼一样，也在重生中发挥了自己应有的作用。甚至连在基督教寓言中发挥重要作用的神秘婚礼也出现过多次。书中也提及了在我们心中的那个男孩（the puer aeternus②，基督，他必生自我们且是灵魂的新郎），还有新娘。所有内容中最为相似之处，也许是不起眼的细节——在

---

① 此词为希腊文"悔改"，这里用来翻译《太乙金华宗旨》中的"逆法"一词，指的是改变生命能量的惯常运动轨道，不再通过日常活动而外泄，而是回归，即所谓精神内敛。——中译者注

② 拉丁语，在神话中表示永远年轻的童神，心理学中指情感发展还停留在青春期水平的成年人。荣格心理学的原型之一，和所有的原型一样有积极的一面和消极的一面。积极的一面代表着成长的潜力、未来的希望，有可能成为英雄。消极的一面是不愿意长大面对生活的挑战，在生活与工作中总是觉得现在做的不是我真正该做的，总是在想有一天真正的使命会到来。——中译者注

金花的秘密
The Secret of The Golden Flower

油灯中加油，灯就会燃烧得更加明亮——在此书中也有了新的重大的心理意义。值得一提的是，"金华"这一说法，在深层意义上也包含了"光"这一词。如果人们把这两个字竖过来写，就不难看出，上面字的下半部分和下面字的上半部分就可以组成新的一个字"光"。很明显这个秘密的符号是在受迫害的时期被迫创造出来的。在这样的时期里，教义的进一步秘密化对传播是十分必要的。反过来说，这就是为什么这一教义总是局限在一些秘密的圈子里。即便是今天，它的信徒看起来也很少，但实际数量比外界看起来要多得多。

如果要问这种光教产生于何处，我们首先会想到波斯，因为唐朝时中国很多地方都有波斯寺庙。然而，即便光教在一些方面与查拉图斯特拉①的宗教尤其是波斯神秘主义相符，但同时，它们之间也存在很大区

---

① 波斯拜火教创始人，拜火教对摩尼教影响很大。尼采以他的口吻写了著名的大作。——中译者注

别。还有一点值得考虑的是基督教的直接影响。唐朝时期，突厥的一个部落，属维吾尔族人，当时归顺中国的皇帝，他们信奉的景教是基督教的一个分支。正如781年在西安府竖起的刻有中文和叙利亚文双语碑文的著名的"大秦景教流行中国碑"所见证的那样，景教在当时深受追捧。因此，景教和金丹教之间的联系也就变得十分有可能了。李提摩太认为金丹教不过是在过去景教的基础上发展起来的。他之所以会有这样的观点，是受宗教仪式上的某些相同之处以及金丹教中与基督教做法十分相似的一些传统的影响。随后，在伯希和敦煌发现的景教念诵仪规的支持下，佐伯好郎又拾起这一理论，并进一步确立了一系列平行理论。他甚至认为金丹教的创立人吕岩与写下景教纪念碑碑文并给自己起了个中文名字叫吕秀岩的亚当有着某种联系。根据他的假设，金丹教的创始人吕岩曾经是信奉景教的基督教徒！佐伯按照自己的喜好毅然决然地走上这条鉴别之路，越走越远。他的所有证据都十分可信，但是缺少确定事实的决定性一点，很多证据没有形成一个整体。但是我们至少得相信金丹教与景教的观点有很强的联系，这些观点在现今的文稿中也很明显。其中一些观点穿着他们神秘的外衣看来十分奇怪，而另外一些观点则彰显出显著的而又新的生命力。所有这些都证明了一遍又一遍被证明的观点：东方和西方，不会再各自一方。①

二、此书的心理和宇宙论背景

为了使下面的译文便于理解，有必要对书中的修行方法所依赖的哲学基础再多说几句。在一定程度上，这一哲学是所有中国哲学潮流的共同财富。它建立在这样的前提之下：宇宙和人类遵守相同的规律，人类是小宇宙，任何障碍都不能将人从大宇宙中隔离出来。这一条

---

① 东方和西方再不能被分隔（Goethe，歌德）。——原注

规律适用于所有个体,而且由此及彼。心理和宇宙彼此间的关系就像内部世界和外在世界的关系一样。因此,人类本质上参与宇宙中所有的事件,而且无论从内部还是外部都同这些事件交织在一起。

这种"道"怎样掌管着人类,同理,就怎样掌管可见与不可见的自然(天与地)。"道"字的写法①里含有一个"首"字,可能必须翻译成"开始",然后是"走"字,在其双重含义里有"行进"和"轨迹"的意思。在下面表示"静静地站立"的字在后来的书写方式中就被删掉了。"道"字的本义就是途径,一条连接起点和终点的路。尽管道本身是静止的,但万物运行无不在其中,道确立一切运动的规律和法则。天道是星辰运动之路,而人道是人沿着行走的路。老子从玄学的视域,将道作为世界的终极原则。道是先验的,是在世界上还没有出现二元对立(比如阴和阳)之前就存在的。

---

① 参见《古籀篇》该字条,在分析其他字时也参照了这一著作。——原注

这种含义为此书所用。

此书所用术语，儒家与道教存在一定差异。儒家中的"道"一词有内在世界的意义，表示"正确的路"，一方面指天道，另一方面指人道。对儒家来说，一个不可分割的终极整体就是"太极"（最高级别）。"极"这一个字也会偶尔出现在《太乙金华宗旨》中，与"道"的意思完全一致。

在"道"和"太极"的基础上产生了现实世界的原则，其中一极是光（阳），另一极是黑暗或者阴影（阴）。一些欧洲学者首先参照性别对这些概念进行阐释，但这阴阳二字本义指的却是自然界中的现象。阴指阴暗的地方，因此山的北面、水的南面（白天太阳的位置使得河流的南面显得较暗）为阴。按其最初的形式，阳指的是飘扬的幡。与阴对应，山的南面、水的北面为阳。最初阴阳仅指光明和黑暗，这一原则后来被扩展到所有对立的事物当中，包括性别。然而，阴和阳在一个不可分割的整体，即"太乙"，并且只有在阳充当活跃的原则和条件而阴作为被动原则受到限制的前提下,阴阳的整体才处于活跃状态。有一点相当清楚:玄学的二元性并不是这些理念的基础。相对于抽象的阴阳观念来说,《易经》中的乾坤概念要具体得多,乾坤分别象征天和地。通过天和地的结合,以及一切事物中两股主要对立力量的相互作用,形成了"万物",即外部世界。

在所有这些事物当中,从外部来看,会发现人就是一个小宇宙(小天地)。根据儒家思想,人的内在本质来自上天,或者按照道家的说法,人的身心是道的现象形式。在大千世界中人类发展成多种多样的个体,每个人的心中都封存着道的种子。但就在出生以前,在意识形成的瞬间,它分裂成性和命双极。表示人类本质的词"性",由心和生两部分组成。根据中国人的观点,心是情感意识的寄托之处,五官通过对外部世界接收到信号做出本能的反应使心活泼起来。当感情没有被表达出来的时候,那些底层的东西,或者说,在先验的超意识的条件下保留的东西就是人性(性)。根据这个更加精确的定义,对人性本质出现了不同的理解。从孟子永恒的观点来看，人性本善，也有人认为人性本恶，当然还有人认为是中性的。从历史经验进化的观点来看，人性只有经过长期的道德发展才能变成善的。

人性（性），作为毫无疑问与理性相关的概念，在现象世界中与生命（命）有着密切的联系。"命"这个字意味着最至高无上的命令，其次是命运，每个人自己的命运及寿命长短，每个人所掌控的生命能量，命与爱欲息息相关。可以说，性与命这两个原则都是超越个体的。人之所以成为人的根源在于精神的存在，即由于其本性（性）。每个人都有本性，但是本性却远远超出了个人的局限。生命（命）也是超越个人的，因为人的命运并不出于己愿，而是必须接受的现实。儒家在命中看到了人生，看到了上天制定的人类必须适应的规律。道教将命视为多姿多彩的自然显现，这种显现遵循道的法则而无法逃避，但这出戏只是纯粹的巧合。而中国佛教将命视为虚幻世界中业力的作品。

关于《太乙金华宗旨》

与这种二元性相对应,在肉体中对应产生了两极张力。人的身体被两种精神结构的相互作用激活:首先是魂,因为它属阳,我把它翻译成阿妮玛斯①。其次是魄,魄属阴,我把它译为阿妮玛②。魂魄的观点来自对死亡的观察,因此二者在书写形式上都含有"鬼"③字。阿

---

① 卫礼贤对于阿妮玛斯一词的使用与荣格的概念截然相反。荣格认为魂是女性心理的一部分,与逻各斯、理性的意思很相近,但是却不能用逻各斯来表示魂。这是因为,在中国还有一个概念与逻各斯的意思更近,这就是性(人的本性)。此外,魂被描述为人格因素,而逻各斯严格意义上讲是非人格的。相对于魄的认识似乎与卫礼贤的魂的概念相符。为了避免在术语上可能引起的混淆,计划在英译本中对此处做出调整,而且作者也认为这样的改动是可取的。但是尽管提出这样的替换毫无疑问会为读者带来方便,同时又不会引起意思的改变,这仍然要求对一些段落做出重新安排,这样就会在两个版本间造成很大差异。因为这个原因,最终没有调整。——英译者注

② 应当注意魄只是荣格阿妮玛概念的一个部分。按照荣格的观点,阿妮玛的精神层面与动物层面同样重要。——英译者注

③ 汉语中的"鬼",并不一定含有邪恶的意思。——英译者注

金花的秘密
The Secret of The Golden Flower

妮玛与身体的过程的联系尤为密切，死亡发生时，阿妮玛就入土而亡。阿妮玛斯是更高级的精神形式，人死后，阿妮玛斯就会在空气中升起，最初它能活跃如初，随后会在虚空中消失，或者回流到生命的能量之源。在身体结构中，魂和魄两者在一定程度上分别与脑神经系统（上丹田）和心脏系统（中丹田）相对应。魂居于两目，而魄则存在于腹部。阿妮玛斯是明亮又活跃的，阿妮玛是黑暗的，并与土相联系。魂字是由"鬼"和"云"两个汉字组成，魄字是由"鬼"和"白"两个汉字组成。这其中表达的观点与我们在其他地方所看到的影子灵魂和身体灵魂[①]有些类似。毫无疑问，中国人的概念包含着这样的含义。在古文字这两个字都不含鬼字，这一点提醒我们对于这两个字的本义要格外注意，因为我们面对的文本极有可能是使用最初的本义，而不是引申义。总之，无论如何，阿妮玛斯都是光，属阳；阿妮玛则是黑暗，属阴。

---

① 影子灵魂对应魂，身体灵魂对应魄。——中译者注

关于《太乙金华宗旨》

通常所指的"顺法"①，即在能量向下流动的生命过程中，阿妮玛斯和阿妮玛两者作为理性因素与动物性因素②在此过程中交互作用。通常情况下是阿妮玛（魄）——被激情所驱动的无分别的意志，迫使阿妮玛斯（魂）或者说理智为其服务。最少阿妮玛也一定要让理智的方向指向外部，这样魂魄的能量才能向外疏泄。这个过程中生命进行自我消耗，好的结果是新生命产生，生命得以继续，而原来的个体外化自己，并且最终

---

① 按照字面意思来翻译，它表示"向右流动"。在本书中它用来描述身体内向下流动的"能量"，所以除了此处的说明外，其他所有情况下都被译成向下流动。当体内的能量不被允许沿着它们自然的向下的途径流动却被留住的时候，这样的运动被称为向上流动。瑜伽教人们禅坐的技巧，可以逆转能量自然的流动，把能量抬升到更高的中心，从而转化成精神。姑且不讨论最终结果，了解分析心理学的人会很容易看到这两股能量流向和外向性与内向性概念之间的联系。一个重要的差异是外向性和内向性仅仅适用于心理能量的运动，而中国概念看来既包含心理过程也包含生理过程。——英译者注

② 动物性因素指兽性之本能，人和其他动物共同的层面，诸如食欲、情欲等。——中译者注

被另一个体取代，结果就是死亡。魄下沉，魂上升，失去了能量的自我就会被定格在一片混沌中。

如果自我在外化过程中放任自流，它就顺着向下的拉力陷入乏味痛苦的死亡当中，自我此时仅仅靠生命的幻想来滋润。自我虽然不能活跃地参与其中（地狱、饿鬼），却仍然被这生命的幻想所吸引。但是如果自我努力向上抗争，不理会外化的进程，每个人都将会根据自己的功过在死后享受一段（时间的长短取决于在世时在自我牺牲①中所释放的能量）快乐的生活。在这两种情况下，个人因素降到次要位置，在外化过程中人格开始退化。然后生命变成了无能的幻影，因为它缺乏生命的能量，命运便走到了终点。之后生命在天堂或地狱中接受善恶之报，但是这些果报不是外部的，却是纯粹的内心状态。一个人越深入这些状态，退化就越加剧，直到他最终从存在中消失。不管消失后是一种什么性质的状态，生命只要进入一个新的子宫，他就能通过以前的能量开始新的存在。这就是鬼、

---

① 这里指积德行善，更进一步就是苦行。——中译者注

精灵、死人。中国人用于描述这种状态的词是"鬼"（常被错误翻译成"魔鬼"）。

相反，如果生命过程中施行"逆法"，生命能量上升，阿妮玛被阿妮玛斯所掌控，那么就能摆脱一切困扰获得解放。世间的一切都还存在，但我们对它们无所欲。虚幻的世界失去了能量，能量内在上升的循环发生了。自我从世界中的纠缠负累之中全身而退，在死后仍然存在，因为内化过程阻止了生命能量在外在世界的浪费。这些生命能量没有消散，反而在内在轮转中创造了独立于身体存在的生命中心。这样的自我就是"神"（元神）。神这个字表达的是伸展、创造，它是鬼的反义词。在最古老的中国字型中，神是双重"申"，表示雷和电的刺激。只要内在轮转绵延不绝，元神形式的生命就永不消散。尽管不可见，可是它仍能影响人们，激励他们产生伟大的思想，做出高尚的行为。古时候的圣贤都是这样的人，他们千百年来激励着、教育着人类。

但是，他们还是有不足之处。这些神仍然是有人格特性的，因此仍然要受制于时空。他们既不会不朽也不会比天地更长久。只有摆脱了万缘的"金华"才是永恒的。到达这一步的人必改变其自我，他不再受制于个体，而是跳出了一切现象层面二元对立的怪圈，并且返回到了原始的一，即"道"之中。在这里，佛教和道教存在一处差异。佛教里返回涅槃与无我有关，自我和这个世界都是虚幻的，我法俱空。严格意义上讲，涅槃不理解为死亡和终结，它是超越的。而道教的目标是以改进了的形式保留自我这个概念及自我所做之业，那就是回归自身的光，在这本书中由"金华"来象征。

作为补充，我们必须对书中《易经》八卦的使用多说几句。震卦（☳）对应雷，表生发，指生命破土而动，它是所有运动的开始。巽卦（☴）对应风和木，温文尔雅，象征着现实的能量转化为思想的形式。就像风能吹遍所有地方一样，巽卦所象征的性质是无所不包，并且能转化成"觉悟"。离卦（☲）对应太阳和火，表明亮与执着，在这光的宗教中发挥了重要作用。它存在于眼睛中，形成一层保护圈，带来再生。坤卦（☷）对应地，表接受，是两个主要的道之一，即被包含在地的能量中的阴道。正是被耕耘过的土地，接受了来自天的种子并赋予它形式。兑卦（☱）对应湖泊、薄雾，象征喜庆，是阴的最终条件，因此属于秋。乾卦（☰）对应天，表创造、强健，是阳道，阳滋润着坤，坤表接受。坎卦（☵）对应水，表幽深，与离卦相对，这从卦形上也可以看出来。坎卦象征爱欲，离卦则象征理性。离是太阳，坎是月亮。坎和离的结合是一个神秘的过程，它们有了孩子，创造了新人。艮卦（☶）对应山，表示静止不动，它是禅坐的标志，通过使外部事物保持静止不动，而把生机引向内心世界。因此，艮卦是生和死相见的地方，是成终而又成始之处。

《太乙金华宗旨》的分析心理学评述

荣格

引　言

一、一个试图了解东方的欧洲人所面对的困难

我是一个彻头彻尾的西方人，因此对这一中国经典给我的陌生感印象深刻。在某种程度上，我对东方宗教和哲学的一些了解确实对理性与直觉地了解其含义有所帮助，譬如我可以从民族学或比较宗教史的角度来理解初民信仰中的矛盾性。但这样做实质上是仍然在用西方人的方式，把自己的心灵隐藏在所谓的科学外衣之下。这样做的部分原因是虚荣心作祟，主要

金花的秘密
The Secret of The Golden Flower

还是担心更加深入的理解会使一次与异域精神的偶然接触发展为深刻的认同体验。除了本书在文献学上对于汉学家的价值之外，所谓的科学客观性会心怀嫉妒地绝不容许对它有任何其他的解释。但是卫礼贤深深地领悟了中国智慧的秘密与神奇的活力，他不允许如此有洞察力的深刻见解被浪费在各种专家们已经被打成了无数隔断的大脑中。我很荣幸，他选择我为这部中国经典作心理角度的评论。

从心理学的角度评论此书也冒着让这一独一无二的宝藏被心理学这一特殊学科所吞噬的风险。然而，任何人想要贬低西方的科学和技术就是在侵蚀欧洲心灵的支柱。科学并不是一个完美的工具，但它是有其优越性的工具并不可或缺，只有在被看作是目的而不是手段的时候才有害。科学方法一定是服务于人的，如果被推上王位就错了。它应该服务于每一个具体的分支科学，然而每一个分支都不足以独立解决问题，还需要其他分支的支持。科学是西方人的工具，靠它可以比仅靠双手能打开更多的门。只有当我们认为靠科学得到的知识是唯一的时候，科学才将阻碍我们的视线。东方教给我们另一种更广泛、更深刻与更高明的知识，人类生活是它的源泉。我们对其所知甚少，通过各种宗教术语，我们对它有了仅仅是模糊的感知。因此我们更加乐意地把这种东方的"智慧"放在引号中，将其归类于某种信仰或迷信。但这样做我们就完全误解了东方的"唯实论"。例如此书，就丝毫没有谈到修苦行的隐士处在病态边缘的夸张情绪与神秘灵感，书中的见地根植于高度发展的中国人心灵的洞察力，我们没有任何理由低估这一洞察力。

我的这个结论可能是太大胆了，很容易受到质疑。但考虑到我们对东方所知甚少的事实，各种质疑也不会让我感到吃惊。此书的内容对我们来说是如此陌生，所以我们感到很尴尬，不知道从哪里着手与中国的思想世界建立联系，这也是可以理解的。当我们面对把握东方思想这一难题时，我们通常犯的错误就像是在

金花的秘密

The Secret of The Golden Flower

浮士德犯的错误。① 受到魔鬼的指引,他轻蔑地抛弃了科学,转向东方的神秘主义,并照搬一些功法,变成了可怜的模仿者(这种错误的最好例证就是通灵学)。这样,他放弃了西方思想的基础,迷失在脱离西方语境的文字与概念之中。这些学问永远不会有效地嫁接在他身上。

古时的修行者说:"邪人行正道,正道悉归邪。"与我们的想法截然相反,不幸被这个中国谚语言中,我们认为只要是好方法谁用都是一样的。而实际上,关键在人,不在方法,因为方法只是由人决定的途径和方向,只有在实际行动中才能看出一个人的本性。如果方法与他的本性不相契,那么这个方法无非就是自欺欺人与装模作样,将毫无价值与根基的。它成为了一种自我欺骗的工具,成为逃避自我无法平息的内心冲突的避风港,这样就彻底背离了中国思想脚踏实

---

① 浮士德与魔鬼签约,出卖了自己的灵魂。——中译者注

地和真诚的特质。与这种特质相反的是自我否定，背叛自我而拜在千奇百怪的陌生神祇脚下，只是为了取得精神胜利的自我慰藉，这一切都与中国"方法"的含义背道而驰。中国人的洞察力来自一种最大意义上完整与真诚的生活方式，它根植于中国古老的文化。这一文化从未被打断过，我们对它永远是可望而不可即。

西方人对东方的模仿是悲剧性的，因为这种模仿来自一种非心理学因素的误解。这种误解在中非和南海上的美丽岛屿陶思岛上的冒险家身上也有体现。在那里所谓的西方文明人玩弄"原始性"概念的把戏，逃避社会，就像是那句名言说的："这就是罗德岛，跳一个给我们看看。"① 这不是一个模仿，或是成为一种陌生文

---

① 荣格在此使用了拉丁文。这句话来自《伊索寓言》，讲的是一个离开家多年的人回到故乡，吹嘘他在罗德岛参加一个跳远比赛，跳出了奥林匹克运动员都望尘莫及的一跳。旁边的人觉得他是在吹牛，说了上面引用的话。——中译者注

化的传教士的问题,而是对我们已百病缠身的西方文化重新塑造的问题。这才是要立刻着手的问题,必须由带着诸如神经紧张、婚姻问题、破灭的政治和社会理想等欧洲人的通病的真正的欧洲人来完成。

我们应该承认,我们不懂来自东方世界的经典里讲到的彻底超脱,事实上,我们也不愿意去理解。中国人已经完全满足了他们本能与直觉的一切要求,所以他们可以毫不费力地觉察到那看不见的精髓。我们有他们那种可以把视线引向内心从而带给他们超脱的心态吗?他们有这种洞察力的前提是他们可以从束缚着我们的野心与激情中解放出来。难道解放不是来自满足自己直觉的要求,而是心怀恐惧或欠成熟地压抑它们吗?难道不是我们要先脚踏实地,然后才能抬头仰望苍穹吗?任何一个人,只要真的了解中国文化,并认真研究过千百年来充斥于中国人思想中的《易经》思想,都不会忽视这些问题。他们就能知道在本书中所提出的观念在中国人眼中并无特殊之处,只是一些无法规避的心理学结论。

在我们的基督教文化中，圣灵及圣灵的爱在很久以来是最有价值也是最值得追求的。只是在中世纪以后的19世纪，圣灵堕落为人的理智，然后人们又起而投入反抗难以忍受的唯理智主义的运动。从一开始，这一运动就犯了把理智与精神混为一谈的错误，从而指责精神是理智出错的原因。这个错误是可以谅解的，理智在胆敢独占精神的全部财产时对灵魂确实有害。理智与精神相比还差得很远，精神高于理智，精神除了理智之外还包含情感。精神是生活原则和方向，是促使人类超越巅峰的光明；与它相对的是黑暗的、阴性的和物质的原则（阴）。这种原则所代表的情感和本能历史久远，来自人类生命延续的根源。毋庸置疑，中国的这些概念得自直觉的洞察，我们如果想要了解人类精神的本质，就不能没有如此的见地。中国不能没有这些概念，因为中国的哲学告诉我们，中国从没有偏离心性本原的精神体验，因而从来不会过分强调和发展某一单一的心理机能而迷失自己。也因此，中

金花的秘密
The Secret of The Golden Flower

国人一直都对现实事物中与生俱来的矛盾性与两极化有清醒的认识，他们发现相反的两面总是能相互找到平衡——高等文化的象征。片面性虽然有时很给力，但它也代表了野蛮文化。如今在西方开始推崇感觉与直觉的反理智运动，我觉得是一种文化进步的标志，是打破理智思维限制的意识突破。

我不是要贬低具有强大判断能力的西方理智，在这方面，东方可以说还很幼稚（这与聪明程度无关）。如果我们能把另一个或者说第三种心灵的功用提升到和我们的理智一样的高度，我们也许会超越东方很多。有的欧洲人压抑着自己的性情去模仿或者说去冒充东方的精神，实在是很可悲。如果欧洲人能够真实地面对自己，从自己的本性中培养出多少个世纪以来东方人源于他们自性的觉悟，就会有更广阔的前景。

总而言之，从外部的理性的观点来看，好像在东方最为珍贵的东西在我们这却不是那么抢手。东方理念的重要性单靠理智是理解不了的，这些理念往往被我们归类为只是哲学的或民族学的，作用只是满足我们的好奇心而已。我们对东方是如此缺乏了解，连资深的汉学家们也不能理解《易经》的实际应用，而只是把它看作是神秘符咒的合订本。

二、现代心理学为我们提供了理解的可能

我在做心理治疗的过程中观察到的种种情形给了我一个惊喜，为我找到了意想不到的理解东方智慧的方法。起初，我其实对中国哲学一无所知。当我开始我毕生的工作——精神病的心理治疗时，我还没有接触过中国文化。只是到了后来，我才明白我使用的一些技巧无意中与中国行家们千百年来使用的方法相合。正是担心这种契合也许是我主观想象出来的，我以前不愿意发表任何这方面的文章。但是，伟大的中国精神的译介者帮助我确认了这种平行性。是卫礼贤给了我探讨一本属于神秘东方思想的经典的勇气。同时，不可思议的是，书中的内容与我的病人的

精神发展历程惊人的相似，而这些病人中没有一个是中国人。

为了让这样奇怪的事更容易被理解，我有必要指明，正如人的身体有着超越了种族差异的相同生理结构，人的精神也有超越所有文化意识差异的相同的根源层面。我把这一人类心灵的根源层面叫作集体潜意识或共同潜意识。这一全人类共同的潜意识里不仅有可以被意识意识到的内容，还有许多能够做出相同反应的潜在天性。共同潜意识这一概念就是，无论是何种族，相同大脑结构中蕴含着相同的心灵表达。这就解释了为什么世界上有这么多类似甚至是完全相同的神话和象征，也解释了人类有可能相互理解的根源。这就是说，人类精神发展的不同线路起源于同一个源头，这一源头可追溯至过去生活的全部层面。这也可以用来解释人性与动物性在心理学层面中重合的部分。

仅从心理学角度看，人类有着共同的想象与行动的本能。一切人类所能意识到的想象与行为都是在潜意识原型①的基础上发展起来，并永远也离不开这些原型。这样的情况在意识的清醒度不是很高的情况下，当心灵更依赖于本能而不是有意识的意志力，更受情感而不是理性判断的控制时尤其明显。这样的状态可以确保心灵的原始状态的健康。然而，一旦情况发生变化，需要有意识的努力时，这种心灵状态就无法适应了。本能只能满足与大自然融为一体的人的需要，而且本能也不大会与时俱进。一个更受潜意识支配的个体会倾向于保守主义，所以原始人千百年都不变而且惧怕一切奇怪或不熟悉的事情。如果压力过大会引起不良反应，其实就是神经官能症，这是极其危险的。通过不断消化吸收不熟悉的东西，人类的意识变得更宽广深远。这一发展了的意识更倾向于自主与革新，它坚决反对旧的神，这些神其实来自长期驱使人类意识的强大的潜意识及其原型。

---

① 原型是荣格在集体潜意识中所发现的不分地域与文化的人类共同象征。——中译者注

金花的秘密
The Secret of The Golden Flower

意识与意志力越强，潜意识就埋得越深。在这种情况下，意识与潜意识原型的分离变得非常容易。在得到自由后，意识斩断了本能的锁链，最后达到了彻底抛弃或与潜意识对立的境界。从此意识深植于潜意识的根被拔掉了，也不用再讨原型权威的欢心。它有着普罗米修斯式的自由，同时也藐视一切神明。意识的确是爬升至尘世之上，甚至是人类之上了，但对于社会上意志比较软弱的人群，意识仍然有着被潜意识颠覆的危险。人们其实还是像普罗米修斯那样被潜意识绑在高加索山上。中国人会用基于易学的话说：在阳发展至极点的一刻，阴就产生了，所以黑夜实际上从正午就开始了。①

---

① 这是中国易学基本观点，如《汉上易传》的姤卦卦辞注解中就有如此的语句："阳生于子，至巳成乾，巳者巽也；转而至午，阳极阴生，午者离也。"此处的子和午的实指还是一年中的月支，但易学中每日十二时辰和每年十二月支是对应关系。一日之中，子夜气温会达至一个最低点，降无可降故称为极，即为阴极，在此极点产生阳（温度上升），正午气温会升至一个最高点，即为阳极，升无可升，在此极点产生阴（温度下降）。——中译者注

处在医生的位置，我看到了戏剧性的情节在生活中上演。比如说，一个成功的生意人呼风唤雨，完全没有察觉到自己的危险。他在自己事业的巅峰时患上了神经官能症，变得像一个怨妇而且长期卧病在床，最后彻底被毁了。患者的态度从阳性变为阴性的过程也十分完整。同样的故事发生在《圣经·但以理书》的尼布甲尼撒王身上，一种凯撒式的疯狂。从意识的角度出发，过度的一边倒和与其相呼应的潜意识的阴性反应是我们这个时代精神病治疗的重要组成部分。这种精神病指的是对意识的偏心，过度重视意志力，相信"有志者事竟成"。我绝不是想贬低人类意志力的崇高道德价值，意识和意志仍旧是人类最高的文化成就。但是，如果自我意识反过头来摧毁人类，那它又有什么用呢？意志与能力保持一致的和谐比道德体系对人类更有好处。道德体系是野蛮的象征①，相比

---

① 道德体系之所以是野蛮的象征，乃就其强加性，而非其引导性而言。再优越的道德体系，一旦陷入意识强加而无意识拒绝接受的局面，则内心不能和谐的冲突将促发心理疾病。——中译者注

之下智慧对人类更为有益。当然,这也许只是我在用一个不得不在对过度文明的觉醒中为病人答疑解惑的职业医生的眼光看问题。

无论怎样,事实就是,被狭隘与偏执激励的意识离原型越来越远,人终有一天会崩溃。在灾难发生之前的很长时间,许多预兆已经显现,其中包括走神、焦虑、生活没有方向,以及在一些情境和问题上较真纠缠等。一个心理医师在诊疗时会发现,潜意识无时无刻试图推翻意识的价值观。在这种情况下潜意识不可能与意识融合,当然意识为潜意识所吸收也是不可能的。现在我们面对的是一个通过人类的理智不可调和的矛盾。如果我们不能逃避这种冲突,我们会问,到底什么是个性的完整?对这种完整性的追求是否必要?正是在这时我们来到了自古以来东方人走过的大道上。中国人能找到这条路是因为他们从没有加剧人性本有的对立面之冲突,以至于失去两股势力之间的联系。这种原始的思维,是是与否之间的紧密无间,而不是非黑即白。然而,即便是这样,他们也不可能完全没有感觉到相对的两股势力之间的碰撞，因此他们找到了一种生活方式，那就是印度的超越二元对立的境界。

我们讨论的这部经典所说的就是这样的方法，它提出的问题我的病人们也同样面对。要是一个西方人一上来就开始修炼中国瑜伽，那就大错特错了，因为他是在他的意志力要求下做这件事，这样做就会加强意识对潜意识的压迫而造成本来想要避免的效果，这时神经官能症会加重。对我们不是东方人这一事实怎么强调都不为过，我们与中国人有着完全不同的出发点。另外一个错误是我们以为每个精神病患者都必须走书中提供的这条路，或认为这一方法是精神病问题全过程的解决方案。其实，这一方法只对那些意识已发展到不正常程度的病人才有效，这些人的意识离潜意识越来越远。这种对病人高度的觉察是必不可少的，如果对潜意识在心里占统治地位的病人使用这种方法无疑是雪上加霜。同样的原因，这种方法对中年（一般在35岁到40岁之间）以前的人也意义不大，如果开始得太早，肯定会造成伤害。

金花的秘密
The Secret of The Golden Flower

　　我在治疗中寻找一种新方法的原因是，我发现除非破坏人性中的某一面，病人的最根本问题得不到解决。我一直有一个不太可靠的信念：根本上说没有看不好的病人。因为我亲眼看到一些病人随着自己的成长而摆脱了曾经将另一些人毁掉的疾病。通过更进一步的观察，我发现这种超越与治愈是一种意识的更高层次。在病人的视野里出现了更高的兴趣点，而随着这一兴奋点的改变，他的解决不了的问题变得没那么紧迫了。他的问题没有得到逻辑的解决，只是当遭遇新的更强大的生活驱动力时，这个问题变得越来越弱。它没有被压制或沉入潜意识，它以新的形式出现并与以往划清了界限。在一个较低层面造成巨大矛盾冲突和疯狂式爆发的问题，现在就像是在山头上往下看到的山谷里的大雨，这并不意味着这场暴雨不是真的，不同的是之前你身陷其中，现在一览众山小。当然对我们的心灵来说，我们既是山谷也是山峰，要想不食人间烟火是对自己估计过高了。人还是受到潜意识的冲击，为之所动，被它折磨，但同时这个人也清楚有更高一层的意识，而不会把自己和这种随时变化的感受等同起来。这个高级别意识会客观地看待这些感受，然后告诉自己"我知道我在受苦"。我们这部经典论及昏沉时说："昏沉而不知，与昏沉而知，相去何啻千里。"① 这一说法完全适用于潜意识对我们的影响。

在我的职业生涯中，病人凭借不为自己所知的潜力而超越自己的病例时有发生，这对我来说是最宝贵的经验。我终于明白人生中那些最重大的问题是解决不了的，因为一切自我规范的体系中都有天生的两极性，这是不可解决而只能被超越的。我问自己，这种超越，也就是心灵的进一步发展，是不是不正常的，是不是病态的？我的结论是每个人都具备这种更高的层次，哪怕是以最原始的状态存在，条件合适时这种潜力就会破茧而出。当我仔细观察那些静静的好像无意识的不同个体的心灵成长时，我发现他们的命运有相同之处。新的事物以完全无法预料的方式不是从内部就是从外部进入他们的生活，他们接受了它并通过

---

① 见《太乙金华宗旨·回光调息第四》。——中译者注

它进一步成长。典型的情况是有些人有意识地从外部或内部接受这一新事物,或是无意识地,但绝不是纯粹的非黑即白——不是来自外部的就是来自内部的。如果来自外部,它将成为深刻的主观体验;如果从内部来,它会以一个外部事件的形式出现。无论哪种情况,它都不会是有明显目的的意志力的结果,而更像是可遇不可求的礼物。

我们总是急切地把一切都变成目的与方法,所以我故意用非常抽象的词汇自我表达,以便防止造成这样或那样的偏见。而我说的新事物不能按标题分门别类,那样它就成了可以机械照搬的菜谱,成为"邪人行正道"。让我印象深刻的是当命运把新事物呈现在我们面前时,它不会或很少是符合我们的意识所期待的。更神奇的是,虽然新事物往往与我们根深蒂固的天性相反,但它是完整人格的表达,是一种最全面的表达方式。

那么这些解放了自己的人们到底为了自己的成长做了什么呢?据我所了解,这些人除了顺其自然,什么都没做(无为)。正如吕祖在书中教导我们的,如果不放弃我们的执着,神光就会按照常规运转而外泄。无为而为,放下执着和随顺自然的艺术,和艾克哈①教给我们的一样,是我打开通向道的大门的钥匙。我们必须让心灵随缘,而真正能做到的没有几个。意识总是不断地干预、帮助、纠正和否定,从来不放简单的心灵成长过程一马。这一过程本来很简单,但简单从来不是一件简单的事。首先,在最初唯一要做的就是客观地观察心灵中正在成长的某一部分,没有什么比这个还简单的了。但也就是在这里,困难开始了。心里的一些灵感在自然流露时会遭到成百上千的理智的原因阻拦,理智会告诉我们:"我无法集中精力""这个想法太无聊了""又会有什么结果呢""也不过如此"等。我们的意识设置各种障碍,就是想捕杀这些自然流露的灵光于摇篮之中。就算一个人下定决心要阻止这种干扰也没用,一个名副其实的意识的阻碍真实存在。

---

① 艾克哈(1260—1327),德国神学家、哲学家和神秘主义者。——中译者注

金花的秘密
The Secret of The Golden Flower

如果一个人成功地克服了在门槛上的这些困难，意识仍然要去批判灵感，去归类，去解释，去美化或贬低。这些做法对意识来说是挡不住的诱惑。只有在专一全面地观察自己的内心之后，意识就会放马狂奔，这时如果不给意识足够的自由，往后的阻力会更大。但每一次灵感的产生都意味着有意识的活动靠边站。

往往一些让心灵不受干扰的努力起初并不奏效。灵感通常相互交织在一起，找不到头绪，没有目标也没有起始。就是每个人抓住灵感的方式也都是不同的。对很多人来说写下来最容易，有些人脑子里会出现画面，另一些人更愿意把它们画下来。那些自我意识很强的人比较有能力用手来表达，他们可以画出他们的意识头脑中完全陌生的图景。

经常做这样的练习直到持续紧张而痉挛的意识得到释放，也就是说，直到能够让事情顺其自然。这是这种修炼的第一目标。它的目的是要激发出一种新的人生态度，只要事情发生了，不合逻辑、难以理解的也可以接受。但要注意的是，如果一个人已经是浮想联翩，过于顺其自然，这种态度就是毒药。但这种态度对于那些有强大的意识批判力，只选择意识能接受的事情而生活一潭死水的人来说，就是灵丹妙药。

讲到这里，我们看到上面提到的两种类型的人所走的道路是不同的，但都学会了随缘任运的人生态度。（吕祖教导我们："事来要应过，物来要识破。"①）有些人对外部事物敏感，有些人更重视自己的内心感受。按照生活的法则，无论更容易接受的是对外部还是内部的事情，一个人都必须接受一般情况下不可能接受的东西。

个人习性的这样一个逆转是对个性的扩展、提升和丰富。当逆转发生时，以前的价值观完全可以保留。如果这些价值观得不到保留，一个人就会走向另一个极端，从健康到生病，从适应到不适应，从讲道理到胡搅蛮缠，甚至由理智的变为精神障碍。但这种方法也不是万无一失。世上的一切都是有代价的，个性的发展更是来之不易，是在最大限度上考验我们的

---

① 见《太乙金华宗旨·回光活法第七》。——中译者注

一个任务。这是一种自我肯定,是对自己开展工作,关注自己所做的一切,把拿不准的东西时刻摆在自己面前。

中国的整个文化都是中国人的后盾。如果在这方面他没有抄近路,那就是说他做了他所能做的最正确的选择。如果一个西方人要走这条路,如果他是认真的,生活中各方面的权威都会与他作对,理智的、道德的和宗教的。这就是人们走向两极的原因,或者模仿中国的方式而抛弃欧洲的根,或者再次回归中世纪基督教派,砌起一座把可怜的异教徒挡在基督徒之外的人种研究高墙。一切生活与命运的暧昧的"挑逗"都戛然而止。向更高一层意识跨进的脚步把我们带到没有掩护和安全措施的心灵旷野。个体应全身心投入其中,因为只有他的真诚才能使他继续向前,使他的奋斗不会变成荒唐的冒险。

无论命运的呼唤来自外部还是内部,它带给人的体验都是一样的。所以,我不用在此讨论多种多样的来自外部或内部的具体事件,各种各样的事例我永远也说不完，而且这样做也对本书讨论的内容毫无意义。但是伴随着心灵的成长而产生的心理状态很值得一谈，这些心理现象以象征的方式出现在本书中，而这些象征多年以来就已为我所熟知，在我行医的过程中经常见到。

金花的秘密

The Secret of The Golden Flower

基本概念

一、道

向西方人解释这一经典和与其相类似的内容①所面临的最大的困难是中国的大师们一上来就以中心思想作为开篇，就是我们说的目标，他一上来谈论的就是他想要达到的终极境界。他们在开头谈论的内容需要非常深刻的理解才能看懂，以至于一个西方人要是着手研究伟大东方智者的微妙心理体验，他就会因那些不知所云的自命不凡或满嘴胡说八道而揪心。比如说，《太乙金华

---

① 参见《慧命经》。——英译者注

宗旨》开头说："自然曰道。"《慧命经》在一开头讲道："盖道之精微，莫如性命。"

西方思想的一个显著特点是它没有道的概念。"道"这个字由"首"和"走"两个字组成。卫礼贤将"道"译为意义。① 其他人将它译为"道路"或"天道（天命）"，甚至有人译为"上帝"，就像耶稣会士那样。这些不同的翻译可以表明翻译中的困难。"首"可被引申为意识②，"走"表示沿途旅行，因此"道"表达的观点如下：有意识的行走，或者自觉的道路。这与"天光"的意思相符，"天光"也作"天心"，"在两目之间"，被用作"道"的代名词。根据柳华阳的说法，包含在"天光"中的人的性和命是道之精微所在。这里，光是意识的象征，而意识的本质又通过光的比喻得到表达。《慧命经》以下面的诗文开始：

---

① （卫礼贤的翻译）也涵盖方法和途径的含义。——英译者注
② 首也是"天光之所居"。——原注

金花的秘密
The Secret of The Golden Flower

> 欲成漏尽金刚体，勤造烹蒸慧①命根。
> 定照莫离欢喜地，时将真我隐藏居。

这些诗句包含着一种炼金术的教导，这是创造"金刚体"的方法，在这部书中也有提及。"烹蒸"是必要的，也就是说，为了让灵光所在之处被"照亮"，意识本身必须得到强化。不光意识，生命本身也要加强。意识和生命的结合产生了"慧命"。根据《慧命经》的说法，古代的圣贤知道如何弥合意识和生命间的鸿沟，因为他们对意识和生命都有所修为。这样一来，炼出舍利，即不朽之躯。"由此而炼，大道由此而成。"

如果我们将道当作一种用来统一分离的事物的方法，我们就会接近道的心理学意义。无论如何，意识与生命的脱节，除了我上面描述的是意识的畸变外，没有更好的解释。毫无疑问，充分意识到潜意识中的反作用

---

① 《慧命经》中，"人性"（性）和"意识"（慧）是可以互相替换的。——原注（二者都是命的反义词，但是二者并不完全相同。——英译者注）

力,也就是"回光",标志着意识与潜意识的再次统一。① 再次统一的目的是为了获得有"意识的生命"(慧命),或者用中国的术语来说,就是要"成道"。

二、回光和中心

正如已经指出的那样,在意识的更高层次上相反两极的融合②并不是一件理性的事情,也跟人的意志力无关,这是心灵的成长过程,并且必定在象征中体现出来。有史以来,这个过程一直是以象征的形式出现的。今天个体的个性发展仍然表现在象征性的图形中,下面的观察可以证明这一事实。我们在前面提到的那些自发的幻象变得越来越深奥,乃至成为代表着某种"原则"

---

① 意识与潜意识在出生前是统一在一起的,也就是太极。所以荣格在这里用的是"再次"。这两股势力——性和命,在出生时就各奔东西了,成道之时才能再聚首。——中译者注

② 参见我在《心理类型学》第5章中的讨论。——原注

的抽象的结构,这是真正的诺斯替派所说的第一因。当这些幻象在思维中出现时,就是凭直觉模模糊糊感觉到的那些法则或原则。这些法则或原则首先要被戏剧化或个性化。(稍后我们将继续探讨这些问题)如果这些幻象体现在绘画中,呈现出的就是所谓的曼陀罗。曼陀罗表示圆圈,尤指神奇的圆圈。这个象征不仅出现在整个东方而且在西方也屡见不鲜,中世纪时期曼陀罗曾盛极一时。中世纪初期出现了大量基督教曼陀罗,大部分曼陀罗的中间是基督,四位福音传教士或者他们的标志位于四方。这个概念肯定十分古老,因为埃及人[①]用同样的方式来表示霍鲁斯[②]和他的四个儿子。据说霍鲁斯和他的四个儿子与基督和四个福音传教士关系密切。随后在雅各布·博梅[③]对灵魂的探讨的书[④]中,有一个准确

---

① 参见瓦利斯·巴奇《埃及人的神》。——原注

② 霍鲁斯是古代埃及的太阳神,形象为鹰头或鹰头人身,头顶有日轮或王冠。——中译者注

③ 雅各布·博梅(1575—1624),德国基督教神学家。他的独特之处在于在他的一生中有过多次神秘体验。——中译者注

④ 即《灵魂的问题》,1602年英文第一版。——原注

无误又非常有趣的曼陀罗。可以肯定的一点是，博梅的曼陀罗是一个有着强烈基督教观点的宏观精神体系。博梅把它叫作"哲学的眼睛"①或者"智慧的镜子"，很明显这些称谓都是对秘密知识的总结。绝大多数情况下，曼陀罗都是花朵、十字架或是轮子的样子，都十分清楚地倾向于四方形结构（人们会想到四元，毕达哥拉斯体系中最基本的数字）。这样的曼陀罗在普韦布洛和纳瓦霍的印第安人仪式中所使用的沙画里也有出现。不过，最漂亮的曼陀罗当然出自东方，尤其是西藏佛教。《太乙金华宗旨》里的象征也使用这种曼陀罗形式表现。从一些精神病患者和对我们所谈论的东西没有丝毫概念的人的绘画中，我也发现了曼陀罗图画。②

----

① 可与中国术语即两眼之间的"天光"的概念做比较。——原注

② 我在《分析心理学论文集》中谈到了梦游症患者所画的曼陀罗。——原注（这篇论文的修订版请参阅《精神病研究》，荣格作品集第5卷，R.F.C.Hull 翻译。——英译者注）

金花的秘密
The Secret of The Golden Flower

在我的一些病人中，我碰到过一些妇女，她们不用绘画，而是用舞蹈表现了曼陀罗。在印度这叫作曼陀罗舞。跳舞的人表达了和绘画中一样的意思。我的病人说不出这些象征的意思，却为它们而着迷，觉得这些曼陀罗以某种方式表达了他们的心理状态。

我们写《金花的秘密》一书，就是要揭示《太乙金华宗旨》中的奥秘。金华是光，而天光是道。金华是一个曼陀罗，我经常会从病人给我的材料中碰到这个象征。如果是俯视，金华要么被画成一个几何图形，要么被描绘成一个长在植株上的花蕾。这棵植株通常是长在黑暗的背景中，有着火一样鲜艳的色彩，绽放着的光之花，这与圣诞树的形象相似。这样的绘画也表达了金华的起源，因为根据《慧命经》，"窍"就是"黄庭""天心""灵台""寸田尺宅""玉城之帝室""玄关""先天窍""海底龙宫"，它还被称作"雪山界地""元关""极乐国""无极之乡""修慧命之坛"。《慧命经》中提道："修士不明此窍，千生万劫，慧命则无所觅也。"

万物起源于潜意识海底的无边黑暗之中，那时万物还是一个不可分割的整体。在窍里，意识和生命（性命）本是一个整体，"似炉火中之火种""夫窍内有君火""凡圣由此而起"。请注意火的比喻，我知道一系列欧洲曼陀罗的图画，在这些画里被包裹着的类似植物种子的一些东西像是在水中漂流，从下面很深的水中，火焰穿透种子助其成长，形成一朵硕大的金花。

这种象征指的是一种提炼和升华的炼金术过程。黑暗给了光明生命，在"水乡铅"中生长出高贵的金子；在生命成长的过程中，那些潜意识的东西变成意识的（印度昆达里尼瑜伽是最好的例子）。通过这种方式，性和命联结成为一个整体。

绝不是通过暗示，我的病人们才创造出这些曼陀罗图画，类似的图画在我知道它们的含义及其与东方的关联很久之前就被创作出来了，那个时候我对这一切还一无所知。这些图画产生的过程相当自然，有两个来源：其中一个源头是潜意识，自发地产生了这样的幻象；另一个是生活，如果带着完全的信仰生活，生命就能带来

金花的秘密
The Secret of The Golden Flower

关于自性①的直觉。对自性的觉知体现在曼陀罗中,而潜意识是对生命的奉献。与东方的概念一致,曼陀罗不仅是一种表达方式,而且有实际功效。它对自己的创造者产生作用。曼陀罗中隐藏着非常古老的魔力,因为它最初产生于"封闭的圆圈"或者说"有魔力的圆圈"中,它们的魔力传说在无数民俗中保存了下来。曼陀罗的图案有一个明确的目的,在人的最核心的自性周围画出具有保护性的壕沟,以防止元神的外泄,再用避邪物防止由外部事物造成的偏离。这些曼陀罗原本不过是人的心理事件的投射,这里被反过来作用于人的心理,就像是开启特定个体自性的咒语。也就是说,通过这些具体的仪式,一个人的专注力或者用更好的表达——兴趣,被带回到内在的神圣领域,返回人类心灵的根源同时也是目的地,这个过程包含了生命和意识的统一。我们已失去这种曾经拥有的统一,

---

① 这里荣格用的词是自性(self),而不是自我(ego),在荣格心理学中,自我是意识的主体,而自性是包括无意识在内的精神世界整体。——中译者注

现在必须要重新找回。

性和命这两者的统一便是道。道的象征应该是中间的白光（《西藏度亡经》中的中阴身①）。这道光存在于"方寸"中，或者存在于"面"上，准确地说是在两眼之间。它是创造性的点，这一点有强度却无广度，被认为与"方寸"的空间相联系，它的象征里有广度。这两者一起构成了道。人的本性（性）和意识（慧）用光的象征表示，因此有强度，生命（命）则与广度相吻合。前者有阳的特点，而后者有阴的特点。上面提到一幅梦游症患者画的曼陀罗，那是30年前我观察了一个15岁半患有梦游症的女孩所画，中间是一个没有广度的"生命能量之泉"，直接与相对的空间原则相碰撞——这与这本中国经典中的基本观点完全吻合。

"环绕"②，在我们这本书中用"回光"来表示。

---

① 见伊温氏《西藏度亡经》。——原注
② 许多宗教中环绕圣物的修行方式，如绕塔和圣山行走等。——中译者注

回光不仅仅是圆形运动，它一方面表示对神圣区域的标识，另一方面表示固定和集中。日轮开始转动，就是说，太阳按自己的轨迹开始动起来。或者换句话说，道开始运行并主导万物，有为转向无为，所有次要的事物都要受制于核心事物。因此有这样一种说法："动者，亦名主宰。"① 从心理学的观点来看，回光就是"围绕自己转圈"。这样人格的各方面都被包含在内。这引起了光明与黑暗的两极交替，也就是白天与黑夜的交替。

　　天堂的光辉与可怕的深夜永恒地交替着。②

因此，回转的运动在激发人类本性中所有的光明和黑暗的力量时，有着十分重要的含义。这一运动同时激

---

① 见《太乙金华宗旨·回光调息第四》，原文为"动者，以线索牵动言"。——中译者注
② 引自歌德的《浮士德》。——英译者注

活了所有对立的心理力量。这是通过自我修持（梵文 tapas①）而觉悟。一个完美的人的原型概念是一个柏拉图式的人，他圆融无碍而且雌雄同体。

与此完全一致的是安娜·金佛②的合作者——爱德华·梅特兰对他的经历的描述。③ 他发现当他对一种观点进行思考时，相关的观点会变得清晰起来。顺着一系列的念头也就能追到念头的源头。对他来说，这个源头是神性的。通过关注这个系列的念头，他尝试洞察它们的本质。他说：当我想做出尝试时，我根本就不知道该怎么做，也没有任何期望。我仅仅是对自己

---

① Tapas 的本义为热，引申为通过苦行和自律如禅定、禁食、节欲等行为所产生的力量可以"烧"掉一个人的罪业。——中译者注

② 安娜·金佛（1846—1888），英国最早的女性内科医生之一，女权、动物保护和素食主义的支持者，通灵学大师。——中译者注

③ 参见爱德华·梅特兰著《安娜·金佛——她的生活、信件、日记和工作》。尤其是129页，我非常感激我尊敬的同事纽约的班得瑞斯·辛克尔博士提供此材料。——原注

的天赋能力进行试验……我当时坐在书桌前记录得到的结果，无论我离自己内部及核心意识有多近，我决意保持我对外围意识的控制。因为我知道，一旦我放弃对它的掌控，我将永远失去前者，经验无法复制。通过坚定的努力，我最终达到了目标。整个过程中我为同时兼顾意识中的两极付出了巨大的努力。

"一旦开始搜寻，我发现自己穿过了一系列领域或说地带……产生的印象就像是爬上一个广阔的阶梯，这个阶梯从外围向体系的中心延伸，这个体系既是自我的体系，又是太阳体系和宇宙体系。这三个体系既是不同又相同……现在，通过最高的，我感觉应当是最终的努力……我成功地把意识收敛的光束分裂至自己想要的焦点。正在这时，那光束好像被突然点燃，融合成一个整体。我发现我面对着一种不可名状的洁白与明亮，并且光泽是如此强烈，简直使我无法靠近……我知道我必须探寻得更远。我决定，要是可能，穿透那夺目的光芒，看看那光的后面供着什么神。经过艰苦的努力，我成功了，闪耀的光芒告诉我，我所感知到的东西一定在那里……它是圣子的双重形式……不显现的事物开始显现，没有规则的事物开始有规可循，非个体的事物创造了个体，上帝就像统治者，通过二元性的统一证实了上帝既是体也是用，是爱也是意志，是阴性的也是阳性的，是母亲也是父亲。"他发现上帝像人类一样具有双重性。除此之外，他注意到一些我们这部经典中同样强调的事物，那就是，呼吸的中止。他说正常的呼吸停止并且被内呼吸（胎息）所代替，"就像是内部的人格而不是自己的机体在呼吸"。他认为这一内在的人格就是亚里士多德的潜力及其实现①，使徒保罗所说的心中的基督，"在物质的和现象的人格内产生了精神的和实质的个体，是一个人在超越了物质世界的重生"。

这种真实的②经历包含了我们这部经典中所有的基

---

① 潜力和显现的力是亚里士多德分析事物时经常使用的两个相互对立的原则。——中译者注

② 这些经历是真实的，但是其真实性并不能证明经历者所有的结论或信念一定是正确的。甚至在一些间歇性精神错乱的情况下，人们仍会碰到一些非常有效的精神体验。——原注（上面的笔记由荣格本人添加到英文第一版中。——英译者注）

本的象征。现象本身——看到光，是许多神秘主义者的普遍经验，也是最具有不可置疑的重要性的。因为，在任何时间任何场所它都作为绝待①的事物出现，赋予本身最大的能量和最深奥的意义。希尔德嘉德②，一个不太像神秘主义人士的神秘主义者，用一种近似的方式讲述了她所看到的景象。她说："从我的孩童时代开始，我一直能够在我的灵魂中看到一束光，但是不是通过外在的眼睛看到的，也不是通过我的思想，我外在的五个感官都没有参与其中……我察觉这束光不是来自我们的世界，它比太阳前的白云更加明亮。在其中，我不能区分高度、深度和长度……在这样一个幻象中，我所能看到和了解到的东西在我的记忆中能停留很长时间。与此同时，我仍然能够正常去看、去听到并且知道……在其中我分辨不出任何形式差别，尽

---

① 相对于有待而言，绝待是超越二元对待的究竟。——中译者注

② 希尔德嘉德（1098—1179），德国著名天主教女修士、作家、作曲家、哲学家。——中译者注

管有时我能在其中看到另一种光,应该是生活的光芒……当我沉醉于这束光所带来的美景时,所有的难过和悲伤都从记忆中消失了……"

我认识几个人,他们对这种现象很熟悉,因为他们自己也经历过。据我理解,这种现象的发生必须依靠意识的一种灵敏的状态,强烈而抽象,一个"不受外界干扰的"意识。正如希尔德嘉德所说的那样,这种体验是用意识的灯照亮心灵中总是被黑暗笼罩的角落。在这样的体验中,通常的身体感受消失的事实说明这些能量已经从身体的感官中退出,朝着加强意识清澈性的方向运动。通常这种现象是自然发生的,来去都取决于它自身。它的影响令人震惊,因为它几乎总是导致精神症状的解除,将内在的人格从情感和理智的累赘中解放出来,而创造出一个泯灭一切对立的生命体。这种感觉通常叫作"解脱"。

人凭意识达不到这样一个统一的整体,因为在一般情况下意识是偏执的。它的对手是共同潜意识,潜意识不能理解意识的语言,因此需要象征的力量通过最简单的比喻才能与潜意识对话。潜意识只能通过象征来获知和表达，这也就是没有象征则个性化过程就不能完成的原因。象征是潜意识的简单表达，但是同时它也是意识所产生的最高级的直觉。

我所知的最古老的曼陀罗是最近在罗德西亚（今津巴布韦）发现的被称为"太阳轮"的旧石器时代产物。它也是依据四方原则。人类历史上如此久远的东西一定碰触到了潜意识的最深层并且影响后者。在表达如此深刻的东西时，意识的语言在这里显得相当无力。如果要表达意识最深刻的洞察力和精神的最高直觉力，大脑是不可能琢磨出表达方式的，它只能从被遗忘的时间深渊中再次生长出来。根源于如此的深度，曼陀罗将现今的人类意识与久远的过去融合在一起。

关于道的现象

一、意识的蜕变

习惯于界限分明并且高度明确的个体意识一旦遭遇共同潜意识的扩张，情况就会比较危险，因为共同潜意识对意识会施加瓦解作用。按《慧命经》上所讲，这是中国瑜伽修行中的特有现象。经上说："分念成形窥色相，共灵显迹……"① 书中的插图画的是一个修行者在甚深禅定中，头部有一圈火舌缠绕，其中有五个人，这五个人再分裂为二十五个更小的人。如果长期陷入这种

---

① 在禅定中反复出现的关于前世的回忆。——原注

状态，那就是我们常说的精神分裂症。所以，就像是在警告修行人，经上说："神火化形空色相，性光反照复元真。"

正是考虑到这种情况，经文在此自然地回到起保护作用的"闭环"的论述。这个环的目的是防止元神的外泄，也就是保护意识不被潜意识撕裂。更重要的是，中国人的概念为我们指出了一条降低潜意识冲击的道路，经中把"分念"描绘为"空色相"，以此将潜意识的力量降到最低。这一理念贯穿着整个佛教（尤其是汉传佛教）。《西藏度亡经》甚至讲到无论是善神还是恶神都是幻象，都需要去除。当然，要让一个心理医师来确认这一理念哲学上的真伪是大大超出了他的能力范围，但他一定要不断地确认是什么在对人的心理产生影响。也就是说，心理学家不需要用这些形状和颜色是否是超自然的幻象这样的问题来烦自己，对这一问题的答案由信仰来决定而不是科学。心理学家们长期被认为是在科学的范畴之外工作，他们的研究领域也被蔑视为是虚幻的，但是这样的看法毫无科学依据。心理现象的真实性不是一个科学问题，当心理现象超出了人所能觉察和判断的范围，将没有任何科学证据可以证明其实质。心理医师关注的不是这些情结的实质，而是心灵体验本身。可以确认的是，这些幻象是真实的心理现象，是人人都可体会的，而且具有不容置疑的自主性。这些现象是支离破碎的潜意识心理体系，它要不就是自然地出现在禅定的喜悦中，在某些情况下引发强烈的印象或效果；要不就是以错觉或幻觉的形式被固定下来而成为精神障碍，摧毁一个人完整的人格。

　　心理学家总是倾向于相信是毒素一类的东西造成了人格分裂（精神病人的心灵分裂），因此没有认真对待这其中的心理现象。另一方面，在一些精神失调（歇斯底里、强迫性精神机能症等）的症状中，在毒素的影响和细胞变异是不可能的情况下，我们仍然发现了分裂性情结，比如说梦游。弗洛伊德会把这些分裂归因于对性的无意识的压抑，但这种解释无法解决所有的病例。有时病因是从潜意识中衍生出意识所不能消化的内容，在这种情况下压抑的假说就无法解释了。不仅如此，这些

金花的秘密
The Secret of The Golden Flower

潜意识心理会不顾我们意志的反对固执地闯入我们的内心，无论我们尽多大努力去压制它们，它们还是会压倒人的自我意识并把自我置于掌控之下。这些现象正是潜意识心理在日常生活中自主性的体现。这就是为什么原始人不是把这些心理状态看作是附体就是认定这些人丢了魂。我们日常用语中也有体现潜意识对我们的影响的例子，比如说："他今天不对劲""他是鬼上身了""他魂不守舍""他像是附体了"。甚至在法律上也认可在精神病态下一定程度的免责。这样看来，具有自主性的潜意识心理内容是非常普遍的经验，这些潜意识心理对意识有着瓦解的作用。

但是除了这些普通的人已经比较熟悉的影响之外，还有很多更微妙和复杂的潜意识内容是不能够被简单地描述的。它们是潜意识心理系统零碎的片段。这些支离破碎的片段越复杂就越具有人格特点。作为心理人格的构成因素，它们以"人"的形式呈现在我们面前。这些表面是"人"的潜意识片段，在精神疾病中尤其明显，比如精神性人格分裂（双重人格），在灵媒现象中当然也存在。许多人类早期的神祇都来自"人"的故事并演化为拟人的概念,最终固定为抽象的概念。这一过程的推动力就是被激活的潜意识心理内容,它们在初始阶段总是以外部世界的投射的形式出现。在这一过程的下一个阶段,意识逐渐消化吸收这种外部世界的投射,然后剥夺它们本有的自主性和人性特征,把它们整编为自己意识的一部分。正如我们所知,一些古老的神已经被占星学同化为人的品性(尚武的、善于交际的、阴郁的、性感的、逻辑性强的、疯狂的等)。

《西藏度亡经》中的教导,使我们更加明确了意识受到这些拟人化了的潜意识内容的威胁。经中反复强调,不要误把千奇百怪的幻象当作真实,不要将显现的幻象和法身的白光混淆。含义其实很简单,不要把意识最高层次的光芒投射为具体的人格,最终化为多个自主性心理片段。如果这一过程没有危险,如果这些潜意识心理片段不具有异化与独立自主的趋势,这些教导也就没有必要了。在东方简朴的多神教背影中,这些教导和基督教徒受到的训诫含义相同,即不要被一个具有人格特征的上帝蒙住双眼,更不用说三位一体与众多的天使和圣者了。

要不是人类的心灵中天生就有一种趋向分离的力,就永远不会在人类心灵中出现部分脱离整体的现象,也就是说,永远也不会产生各路神仙。这也就是为什么我们这个时代是这样的无神和世俗,因为我们过于迷信我们的意识而排除了其他一切。我们现今的宗教是信奉意识的一神教,被意识所控制。伴随着这一信仰的是对心灵中除意识之外的具有独立自主性的潜意识部分的疯狂否定。在这一点上,我们与佛教的禅定方法不同,我们甚至否定这些自主心灵部分是可以被感知的。长期压制潜意识构成了心灵的潜在危险,因为这些心灵的构件会像其他任何被压抑了的内容一样促发错误的人生态度。这些被压抑了的内容会再次以颇具欺骗性的形式出现在意识中。这种情况在神经官能症中表现非常明显,集体潜意识被压抑了也是一样。如此看来,我们的时代犯了一个致命的错误:我们相信我们可以逻辑地理性地批判宗教现象，例如像拉普拉斯①那样，我们以为上帝是一个可以进行理性处理的假说，无论是肯定还是否定。我们彻底忘记了其实我们人类对神的信仰与外部世界因素无关，它只是一种对内部自主性潜意识片段的感知。这种感知不会因理性的批判或恶意的描述被宣判不成立。这一感知总是普遍存在的，自主的心理片段在不断起着作用，根本的潜意识心理结构不会受任何变化无常的意识波动的影响。

如果我们否定潜意识的存在，并幻想我们已经摆脱了潜意识，那么潜意识持续发挥作用时就会变得无法理解，也就无法被意识所消化吸收。潜意识中的内容变成了无法解释的障碍，而最终我们会认定这些障碍存在于外部世界的某个地方。这样一来，形成了对自主潜意识片段的投射，同时也置我们于险境中。这些阻碍被归因

---

① 拉普拉斯（1749—1827），法国数学家、天文学家，法国科学院院士，天体力学的主要奠基人、天体演化学的创立者之一，他还是分析概率论的创始人，因此可以说他是应用数学的先驱。——中译者注

于我们心理之外的来自他人的阴谋,而我们自然无法找到来自何人,而只能在我们的邻居身上下手——即问题出在"河的另一边"。这种心理会导致集体性的妄想、重大事件、战争和革命,总而言之,毁灭性的大众精神病。

精神病就是人被不能为意识所消化的潜意识内容所控制。这些内容不可能被意识消化,因为意识已经否定了这些内容的存在。用宗教的语言来表达,这一否定态度等于宣称:"我们已不再惧怕上帝,并且相信一切都应以人的标准来评判。"这种藐视一切的狂妄,也就是意识的狭隘,永远都是通往精神病院的捷径。对这一现象的代表作,我推荐赫伯特·乔治·威尔斯①的《克里斯提娜·艾尔柏塔的父亲》和舒勒柏法官②的《精神疾

---

① 赫伯特·乔治·威尔斯(1866—1946),英国著名小说家、新闻记者、政治家、社会学家和历史学家。他创作的科幻小说影响深远。——中译者注

② 舒勒柏(1842—1911),他被确诊患有早发性痴呆。此书记录了他第一和第二次患病的经历,因弗洛伊德对此书的解释使其在精神病学及心理分析领域很有影响力。——中译者注

病的回忆》。

《慧命经》所说的"神火化形空色相",可以让受现代思想熏陶的欧洲人放松下来。这些话听起来很欧洲,而且非常适合我们的逻辑。在我们的时代,我们以为可以躺在高度清晰的意识的功劳簿上休息了,因为我们已经把上帝的幽灵远远地甩在了身后。但我们仅仅是在字面上将其甩在了身后,而能够产生上帝的心理本身还随时伴随着我们,让人觉得像是上帝或神的自主潜意识内容仍然保持着对我们的绝对控制力。今天这种控制被称为恐惧症、强迫症等,或简而言之,精神病症状。如今众神已成为疾病,宙斯统治的已不再是奥林匹斯山而是腹腔神经丛。潜意识内容创造了医生的病例,或侵蚀政治家和记者的大脑而释放出精神流行病。

综上所述,西方人最好是在一开始对东方智者的秘密教义知道太多,否则就会是"邪人行正道"。西方人不应该先去确认各路神仙的虚幻性,相反,应让自己先去体会这些神的真实。他应该学会去认知这些

金花的秘密
The Secret of The Golden Flower

潜意识心理的力量，而不是等到他的情绪、紧张与幻觉以极其痛苦的方式向他证明：不像他自己认为的那样，他是自己心灵的主宰。潜意识与意识相互之间有一种分离的趋势，这一趋势的副产品是具有相对真实性的心灵中的人物。当这些人物的心理本质没有被认出来之前，人们会认为它们是真实的，并且被投射到外部世界。当这些潜意识内容与意识发生关系时（用宗教语言来解释就是当迷信存在时），它们便具备了相对的真实性。但当意识开始远离这些心理内容时，这些内容就不再那么真实了。然而像这样的分离，只有在一个人彻底地了解了生活的情况下才有可能。此人须具备奉献精神，在生活中已没有任何未尽之责，也就是说，他可以牺牲任何个人的欲望而扫清远离尘俗道路上的障碍。要想有所成就，这是必经之路。只要我们还有所牵挂，我们就做不了自己的主，只要我们做不了自己的主，就证明还有比我们的自我更强大的东西。（我实在告诉你，除非你还清最后一分钱，否则决不能从那里出来①）无论我们把一件事认作是"神"还是"狂躁症",我们都不可以对做出的选择掉以轻心。狂热的崇拜是可憎和没有尊严的,而献身于某一个神是更有意义和富于成果的,因为那意味着个体服从于一个更高层次的精神。潜意识内容的拟人化使得人们可以感受到自主心灵片段的现实性,从而提供了消化这些内容的可能性,并缓解这些潜意识内容对我们意识的冲击。如果我们不敬神就会变得极度自恋,这种自恋会导致病态。

中国的各种修炼方法早已把神的存在视为理所当然,秘传的功法只适合那些意识的光芒已经处在从命运的力量中解脱出来的临界点上的人。意识在不受一切困扰后可以进入没有任何对立的一元的宇宙人生的终极境界,即"虚中""至虚至灵之神所住"。魔的面纱只靠做出理智的决定是揭不开的,需要坚持不懈和彻底的准备工作,要对生活无所亏欠。只要因欲望而产生的执着还存在,这层面纱就揭不开,就达不到意识打破一切虚幻进入空境的高

---

① 见《圣经·马太福音》。——中译者注

度。这样的境界靠耍花招和投机取巧是得不到的,这是到死时方能实现的理想,在那之前还是会有真实或相对真实的潜意识人物。

二、阿妮玛斯和阿妮玛

根据这部经典,潜意识中的人物不仅只有神,还有魂和魄。卫礼贤把魂翻译为阿妮玛斯。阿妮玛斯的概念对魂倒是很适合的,魂字的写法是由"云"和"鬼"组成。这样魂的意思是"云鬼",更高层次的"气息灵魂",是阳性的。人死后,魂上升成为神、可以不断延展并自我表达的神。阿妮玛作为魄对应的翻译,魄由"白"和"鬼"组成,也就是"白鬼",是低层次的,是世俗的和肉体的,是阴性的。人死后,魄下降成为鬼,通常被定义为回归(也就是转世)的幽灵或说鬼。阿妮玛斯和阿妮玛在人死后分道扬镳的情况说明,对中国人来说,它们是完全不同的心理因素,有着完全不同的功效。尽管它们本来统一地存在于"一灵真性"中。

但是"既落乾宫，便分魂魄"。"魂在天心""昼寓于目（在意识中），夜舍于肝""此自太虚得来，与元始同形"。而相反，魄是"沉浊之气也，附有形之凡心""一切好色动气皆魄之所为""觉则冥冥焉，渊渊焉……即拘于魄也"。①

多年以前，在卫礼贤介绍这部经典给我以前，我使用的阿妮玛②这一概念与中国的魄的概念已经非常相近。当然，阿妮玛没有任何玄学含义。对心理学家来说，阿妮玛不是超越了现实的，而是在人类经验的范围之内的。中国人对魄的定义也向我们揭示了这一状态是可以随时被体验的。但我们为什么一定要说阿妮玛而不直接用情绪这个词呢？原因是阿妮玛有其自主性，也因此大多数人都受其支配。正如我们所知，阿妮玛是人类意识中划定其界限的内容，是人格的一部分。作为人格的一

---

① 本节的引文见《太乙金华宗旨·元神识神第二》。——中译者注

② 对这方面的全面介绍，请参考我的《关于分析心理学的两篇文章》。——原注

部分，阿妮玛具有人格特征，因此很容易被拟人化。正如上面所引的例子，这一过程一直在持续进行中。拟人化过程不是我臆造出来的，因为一个受阿妮玛影响的个体不会显示中性平淡情绪，而是显现与普遍特征不同的非常突出的情绪。研究表明，男人的阿妮玛具有女性特点。这一心理现象造就了中文"魄"的意境和我的关于阿妮玛的概念。通过进一步的内省和忘我的体验，我们发现在潜意识中存在着一个阴性人物，它是阴性的所以使用阴性的词汇命名，像阿妮玛、阴性心灵或灵魂。阿妮玛也可以被定义为意象、原型或是一切男女相互作用的经验总和。这也就是为什么阿妮玛总是规律性地投射为女性。我们已经知道世上的诗歌其实是在描述和歌颂阿妮玛的[1]。中国概念中的鬼与阿妮玛的联系则是超验心理学家和通灵师感兴趣的内容，因为通常"制"都是针对异性的。[2]

---

[1] 参见《心理类型学》第五章。——原注

[2] 《太乙金华旨·元神识神第二》中提到"炼魂……即所以制魄"，魂魄异性而相互制约。——中译者注

虽然卫礼贤对魂的翻译为阿妮玛斯对我来说还是说得过去的，但我有十分重要的理由将"魂"翻译为"理性"，因为它表达理智和意识的阳性更为清晰。如果没有"理性"这个词，以"阿妮玛斯"作为"魂"的翻译才是合适的。中国的哲学家们免去了一些西方心理学家要面对的困难，因为中国哲学和所有的古代精神活动一样只是男性世界的组成部分。中国哲学的概念还从来没有以心理学的方式来理解过，所以也从没有人对其在女性心灵中的适用度进行过考量。但西方的心理学家不可能无视女性及其特殊心理的存在，我选择把"魂"翻译为"理性"也与此有关。在卫礼贤的翻译中理性是中国"性"（性命之性）这个概念的翻译，这一概念还可以翻译为实质（人的本性），或是创造性意识。人死后，魂上升成为神（灵体），在哲学意义上，这与性的概念非常接近。正因为中国的哲学概念不是我们意义上的逻辑概念，而是直觉的，因而它们的含义只能通过这些概念的使用或它们的写法以及研究像魂和神之间的关系这样的一些方法来理解。从心理学角度出发，魂指的是意

金花的秘密

The Secret of The Golden Flower

识中分辨事物的光芒和阳性的理智，原本来自性①，然后在人死后神回归至道中。这样看来，理性作为魂的翻译就非常合适了，因为理性的概念包括了普遍存在的概念，而普遍存在意思是：阳性方面的，意识的清晰和理智思维能力是全人类的普遍现象，而不是某一个体所独有。更进一步说，魂或理性其实是不具备人格特征的，它最深层的含义是非人格和非个体的宇宙的大道。这与全部以个人情绪表达自己（因此是一切憎恨情绪的由来）的阿妮玛截然相反。

对这些心理现象深思熟虑后，考虑到"女人没有魄，但有魂"的看法，我决定把阿妮玛斯这一概念留给女性，女性心理学与男性的阿妮玛有一个共同点。从根本上说，这个共同点不是情感的而是准理性的，描述它最合适的字眼是"偏见"。女性中清醒的一面对应的是男性情绪化的一面，而不是他的心。心构成了"灵魂"，或是说女性的阿妮玛斯。正如男性

---

① 荣格在这里的用词是 logos spermatikos，希腊语，宇宙中的生成原则，创造万物同时又收回一切。——中译者注

的阿妮玛由低层次上的关联性组成，充满了各种情感，女性的阿妮玛斯由低层次上的判断力组成，充满了各种各样的观点。（对这方面更详细的论述，请读者参考我在前文引用过的文章，在这里我只能点到为止了。）女性的阿妮玛斯中有着先入为主的各种观念，所以在拟人化过程中不大可能被一个人物全面覆盖，而是通常由一组或一群人物来象征。（在通灵心理学中有这一现象的很好例证，比如以派波夫人[①]为例的通灵师群体[②]。）在较低的层面，阿妮玛斯是低级的理性，是一幅具有明辨能力的男性心灵的讽刺画，而阿妮玛是女性情欲的讽刺画。我们沿着这组平行线继续向前，正如魂对应的是性，卫礼贤翻译为理性，女人的情欲对应的是命，命可翻译为命运。情欲是盘根错节，而理性明确是区分辨别的，是清醒的光芒。情欲代表着关联性，理性代表分辨和解析。因此，在女

[①] 派波（1857—1950），美国著名通灵师。——中译者注

[②] 比较希斯洛普著《科学和未来生活》。——原注

性阿妮玛斯中属于低层次的理性，其所形成的观点往往显得不着边际，像是固执的偏见或是与事情的真相不相干的观点。

人们总是指责我像世界各地的神话那样对阿妮玛和阿妮玛斯进行拟人化。但只有在证明我像神话一样在使用这些概念时对他们具象化了，这个指责才能成立。我要最后一次宣布：对潜意识内容的拟人化过程不是我的发明，而是现象的本质。忽视阿妮玛是心灵的，也就是具有人格特征的自主心理系统这一事实是不科学的。没有一个指责我的人在说"我梦到了 X 先生"时会有丝毫的犹豫，而严格地说，他只是梦到了 X 先生的代表物。阿妮玛不是别的，它代表了潜意识的人格化特性。至于说这些潜意识内容在超越了尘俗世界后，或是超出我们的日常经验范围后会是什么状态，我们就不得而知了。

我把男人的阿妮玛定义为潜意识的人格化，所以阿妮玛也是通往人类潜意识的桥梁，它起到了联系潜意识的作用。对此，我们这部经典提供了一个非常有趣的观点，经中说，意识（个人的意识）来自魄。西方人的心灵是完全建立在意识的基础之上的，所以我必须基于此来给阿妮玛下定义，但东方人的心灵是建立在潜意识的基础之上的，他们将意识看作是阿妮玛的效果！毫无疑问的是，意识产生于潜意识。我们总是忘记这一原则，不断地试图把人类的心灵与意识等同起来，或是把潜意识认作是意识的产物（例如弗洛伊德的压抑理论）。正如我们之前讨论过的，决不能低估潜意识的真实，并且潜意识中的人物应被理解为积极的。一个理解了人类心灵本质的人用不着担心自己退化到了原始的鬼神学。一旦潜意识没有被认作是积极的因素而不能得到足够的重视，我们便成为一边倒意识信仰的受害者，最终导致紧张过度。灾难这时在所难免，因为就算我们彻底了解了意识的全部内容，我们还是忽略了深藏的心灵能量。不是我们在对潜意识拟人化，而是它们在一开始就具有人格特性。我们只有充分认识到这一点后，才能对它们进行去人格化处理，正如经中所说的"制魄"。

金花的秘密
The Secret of The Golden Flower

在这里我们又发现了佛教与西方人心理的巨大差异，但同时它们之间又有着相契合之处。在禅修中应拒绝一切幻象，我们同样如此，但东方的做法与我们的动机完全不同。在东方，表达极其丰富多彩的各种境界的概念和教义占统治地位，只是在出现过多幻象时，要求对修炼之人有所保护。而我们是在歧视幻象，认为它们毫无价值，是主观的白日梦。潜意识内容所带来的境界与幻象不是缺乏想象力诱惑的抽象概念，正相反，它们交融在一张极为丰富多彩的幻网之中。东方人在这些幻象前可以做到如如不动，是因为在很久以前他们已经从中提取了精华，并把它们浓缩为深奥的教义。而我们还从来没有体验过这些境界，更不用说提取精华了。我们要想赶上，还有很长的路要走。只有当我们在一片混乱中找到头绪时，我们才能区分有价值的和无价值的。可以肯定，我们提取的经验会与东方提供给我们的有所不同。东方是在对外部世界所知甚少的情况下得到了关于内部的知识，我们可以在广泛的历史与科学知识的帮助下研究人类的心灵及其深度。现在对外部世界的了解确实是我们内省的最大障碍，但我们面临的由这些障碍造成的心理压力同时也会是我们克服困难的动力。我们已经建立了新的学科——心理学，这门学科能够给予我们打开在东方只有通过非正常心理才能打开的大门的钥匙。

金花的秘密

The Secret of The Golden Flower

意识与外物的分离

通过了解潜意识,我们可以摆脱潜意识的控制。这就是这部经典的目的。它教导我们集中注意力在最深的光明中,这样做,我们可以摆脱一切内与外的纠缠。修炼者的生命脉搏被导向一种完全空掉的意识,同时一切又都可以存在其中。《慧命经》在谈到这种分离时说:

一片光辉周法界,双忘寂静最灵虚。

虚空朗澈天心耀,海水澄清潭月溶。

云散碧空山色净,慧归禅定月轮孤。

这些对最后成就的描述向我们展示了一个精神境界。这种境界就是意识摆脱了外部世界的纠缠，回归到一种超越之境。意识在此既空也不空，它不再受现象世界之中一切内容的干扰，但意识中的世界依旧完整，不少一分丰富与优美，只是意识对完全不为其所动。世间事物对我们魔法般的影响力结束于此，因为意识与它们已经没有任何瓜葛。没有了对潜意识的投射，神秘参与①也就终止了。正如经中非常巧妙地表达的，意识已不再受任何功利的压迫而转为禅定的洞察力。

这种境界是怎么修成的呢？（我们首先认定这部经典的中国作者不是在骗人，其次，他神志清醒，再次，他有极高深的智慧。）要想理解或解释经典中所论述的分离或者说解脱，我们要采取一条迂回的道路。我们没

---

① 人类强烈的自我意识只是近代的产物。"神秘参与"是在强烈的主观意识产生之前的主客观世界界限不清的境界。在原始部落的人身上尤为明显，例如，他们会认为某棵树或石头是神圣的，而此树与石头和他们之间并没有明显的区分。——中译者注

金花的秘密

The Secret of The Golden Flower

必要模仿东方的敏感,因为没有什么比试图美化这样一种精神境界更幼稚的了。在我的行医过程中,我对这种意识的解脱是熟悉的,这是心理治疗的最高境界。我和我的学生及病人历尽艰辛就是想要达成这样的结果,那就是神秘参与的泯灭。列维·布留尔①以其绝对的天才确认神秘参与是原始人的思维方式,是主观世界与客观世界的融合。② 这种思维在原始土著人中依然强大,一个自命有着自我意识的欧洲人对此一定会感到不可理解。这样的心理状态是:只要意识中没有主客观的对立,人的心灵就会由潜意识统治。在这种情况下潜意识就会被投射到外部事物上,然后这些外部的事物被吸收消化为内心的体验,也就是说被心理化了。这时,动植物与人的界限打破了,人既是人也是动物植物,一切都

---

① 列维·布留尔(1857—1939),法国哲学家,主要研究领域是原始思维,对社会学与人种学亦有所贡献。——中译者注

② 参见《原始思维》。——原注

是活的,神鬼无处不在。当然,现代文明人认为自己高高在上,早已超越这种简单思维。他们自我身份的认知通常是通过他们的父母,或通过他们的感受与成见。他们在恬不知耻地指责他人时,并不知道自己的潜意识里也有着与原始人同样的东西。总而言之,他也同样深受潜意识与主客观不分的折磨。受潜意识所困,他对周围的人物、事件与环境没有防御能力,别无选择地受外界影响。他与土著人一样,大脑里充满了各种令人不安的内容。他们也使用各种祛邪的魔咒,只不过他们不再用神力包①、护身符和动物祭祀,而是用精神类药品、神经官能症以及对"进步"这一概念或者对意志力的膜拜取而代之。

但如果潜意识也能像意识那样,作为可以影响人的能量而得到认可,一个人个性与人格的重心会出现转移。重心会离开意识的中心——自我,来到意识与潜意

---

① 北美印第安人部落中萨满用来装部落神物的包。——中译者注

识之间。这个点可以被称为自性。这样一个变换成功的结果，就是不再需要神秘参与。换句话说，一个在低层次受苦受难的人格成长到了忧喜不侵，从而无忧恐怖的更高层次。

在这部经典中提到的圣果（圣胎）和金刚体指的就是这种更高级人格的创造，这些语汇在心理学上其实是象征一种态度。这种人生态度不在各种情感纠葛范围之内，也因此个体决不会受到巨大的创伤。这些词象征着不为尘世所累的意识状态。我有充分的理由相信这种成长在中年以后才会发生，是一种自然而然的对死亡的准备。对心灵来说，死亡与出生一样重要，都是生命中不可或缺的一部分。至于解脱了的意识在死亡时去向何方，是我们心理学家不会回答的问题，因为心理医师无论采用何种理论立场都会跨越科学的界限。他只能指出，该经典中关于解脱了的意识的永恒与任何时代的宗教思想及绝大多数人类的想法是一致的。一个对此有不同想法的个体从某方面来说是站在了人类家庭之外，个体心灵的平静很可能被破坏。所以,作为一位心理医生,我在行医时只要有可能,就会尽最大努力加强病人永生的信念,尤其是对年岁大一些的病人,对他们来说这是十分关键的问题。正确地从心理学角度来看,死亡不是结束而是目标,因此鼎盛时期一过倒计时就开始了。

中国修炼的哲学基础正是将死亡作为一个目标,并做出合乎本能的准备。在前半生的目标(如生儿育女)完成之后,就是对长生久存的准备,这也是对解脱了的意识的延续性的保证。这一过程使用生儿育女的象征来表达,指生出一个心灵中的精神体(细身),以保证高一层次意识的延续。细身与自古以来欧洲人都熟悉的灵体①类似,欧洲人通过其他的象征、修持、信仰和基督教的生活方式来修成灵体。在这里,我们又一次站在了与东方截然不同的土地之上。该经典中所说内容好像与

---

① "灵体(pneumatic man)"一词来自《圣经·新约》。——中译者注

金花的秘密
The Secret of The Golden Flower

我们的基督教苦行的道德体系很接近，但如果我们认为它们是一样的，那就犯了大错。此书的背景是延续千年的根源于原始本能的古老文化。这样的文化对违反本能的武断的道德体系闻所未闻，而武断的道德体系普遍地存在于所谓文明的日耳曼野蛮人之中。中国人没有这种压抑天性的冲动，这种冲动容易使人夸张，对我们的精神生活是毒药。一个释放自己天性的人，也可以用释放其天性同样自然的方式摆脱自己的天性。任何英雄般地战胜自己的想法都与书中的理念格格不入。要是我们机械地追随这部经典的教导，就会导致必然的恶果。

我们不可以忘记我们的历史背景。只是在一千多年以前，我们才在多神教残酷的初始阶段胡打乱撞地碰上了高度发展的东方宗教，我们半野人式的大脑达到了与其精神发展不匹配的高度。要想保持这一高度，我们的天性需要在很大程度上被抑制。因此，宗教修持和道德体系具备了暴力的甚至是恶意的特性。这些被压抑的元素自然得不到发展，而以原始的未开化的形式休眠在潜意识中。我们想要爬到哲学性宗教的高度，但却做不到，我们只能期待我们可以慢慢地成长。德国人的安福塔思①的伤口和浮士德的分裂还没有治好，他们的潜意识中还充满了必须先提升到意识层面之后才能解脱出来的内容。最近我收到一封我以前病人的来信，她用简单而恰当的语言为我描述了这种必须的转变。她写道："阳光总在风雨后。通过保持安静与专注，去除所有的压抑，接受现实——接受任何事物的本来面目而不是我希望它们成为的那样，我开始有了平时没有的力量和知识。这些新的力量和理解，我以前想都没想过。我以前以为当我们遇到事情时，这些事情会打倒我，我发现这种态度一无是处。我发现我们必须先接受这些事情，才

---

① 安福塔思是中世纪传奇中圣杯骑士的首领，出现在瓦格纳的戏剧中。他因为爱欲而在战场上失败，伤口流血不止，直到得到一个原本是弱智青年的帮助。在荣格心理学中经常与浮士德的分裂连用，因为与荣格的个人成长经历有关，本来已经很艰深的概念变得更复杂了。简而言之，我们每个人都有安福塔思之伤。弗洛伊德认为这些伤是可以治愈的，荣格认为要想治愈就应该使用超越的方法。——中译者注

金花的秘密
The Secret of The Golden Flower

能够形成自己的态度①。我现在可以与生活做游戏，发生的事情无论是好是坏，是光明还是阴暗，总在不断地转换，而我对它们都欣然接受。我也同样接受我本性中积极的一面与消极的一面。这样，生活中的一切变得更有活力。我以前真是太傻了，我费了多大的气力逼着事情按照我觉得应该的方向发展呀！"

只有具备了这样的人生态度，才有可能达到更高的意识与文化层次。这样的人生态度不是要放弃基督教价值观，而是凭着它的慈爱与忍耐去接受自己最卑微的那一部分。这一态度在其最本质上是宗教性的，所以也是治疗性的，因为所有的宗教都是对人来自灵魂的伤痛与混乱的治疗。不顾潜意识的抗争而不断壮大的西方理智与意志力，赋予了我们巨大的能力来模仿这样的态度并取得表面上的成功。但是颠覆的力量发展壮大只是时间问题。模仿只能造就不稳定因素，随时都会被潜意识推翻。只有潜意识里那些天生的东西得到了与意识中的观

---

① 神秘参与的消亡。——原注

念想法一样的重视,才夯实了这种人生态度的根基。给予潜意识应得的关注,这与西方尤其是新教对意识的迷信背道而驰。然而,虽然旧势力总是与新事物为敌,但任何一个认真思考的人都会明白,没有我们过去辛苦得来的基督教价值观,新生体系也就与我们无缘。

金花的秘密

The Secret of The Golden Flower

成　就

接触了解东方精神的过程，象征着我们开始接触到对于我们很陌生但在我们心中本有的特质。否定自己的历史就等于对自己斩草除根。只有扎根于自己的土壤，我们才能吸收东方的养分。

对那些不知神秘力量之源泉在何处的人，一位修行人说道："世人舍本逐末。"① 东方的智慧来自黄土地，我们也应从我们自己的土壤里寻求。正是这一原因，我解决这些问题的方法总是被扣上"心理主义"的帽子。

---

① 见《太乙金华宗旨·逍遥诀第八》。——中译者注

如果这顶帽子指的是心理学那倒是过奖了,因为我就是要毫不留情地排除一切秘密教义的玄学主张,放弃与我们的无知相呼应的总是想要获取某种神秘力量的目标。我们应该承认,我们确实怀有这样的目的。我坚决努力把那些玄学的东西晒在从心理学角度可以理解的阳光下,尽自己最大的努力防止公众受到邪门歪道的误导。基督教徒们应继承他们的信仰,这也是他们肩负的责任。不信教的人们已经丧失了道义上的力量(也许他们命中注定只能去了解而不是信仰)。在信仰的问题上人不能三心二意,他不可能通过思辨去领会,领会只能是心理的。基于此,如上所述,我总是把事物放在心理学范畴中,同时甩掉超自然外壳的束缚。这样做是为了提取我所能理解的东西并为我所用。不仅如此,我还能学到以前理解不了的藏在面纱背后的各种象征符号所代表的心理状态与心理过程。我所做的一切,目的是要走上通往大道的正路,获取相同的体验。如果最后真的有神界,我也会有机会心领神会。

金花的秘密

The Secret of The Golden Flower

我同时以同样的真诚欣赏东方的哲学家和他们不敬神的哲学观。① 我感觉他们是运用象征的心理医师,对他们的话按字面意思照搬是大错特错了。如果他们的本意本来就是一些纯哲学的东西,那对我们就意义不大。但如果他们说的是心理体验,那么我们不但可以理解,还能从中受益,因为这些所谓的纯哲学是在我们可以实际体验的范围之内的。一个超越人类体验的绝对的上帝或神激不起我的兴趣,我和他是井水不犯河水,各走各的路。但如果情况是,我知道上帝是我自己心灵中本有的动力,我会马上关注他。也许听起来毫无新意,但这样的上帝会在实际操作中成为现实的一部分。

对"心理主义"的责备,只适用于那些认为可以完全掌握自己的心灵或灵魂的傻瓜。这样的愚蠢之人还不在少数,尽管他们知道怎样对心灵的东西夸夸其谈,但不过是对这些事物的贬低是典型的西方偏见。如果我使用"心灵自主情结"这一概念,我的读者马

---

① *中国的哲学家与西方的教条主义者正相反,他们对这样的态度深表谢意,因为他们是他们的神的主人。——原注*

上会想到不过是个情结而已。我们怎么能够确定心灵除了情结就没有别的内容呢？我们似乎不知道，或经常性地遗忘，生活中我们觉察到的一切只是影像，而且这些影像来自心中。那些认为视上帝为一种心灵力量就是对上帝大不敬的人会受到神经官能症与不可控力的折磨，他们的意志与人生哲学是失败的。这不正是精神阳痿的证明吗？难道当艾哈克说"我们应让上帝在我们的灵魂中一次次再生"时，也会受到犯了心理主义错误的责难吗？只有否定自主情结存在的那类人，才会觉得指责别人是心理主义名正言顺的。他们理智地解释自主情结为某种已知事物的产物，而不是独立自主的存在。这种说法与形而上地声称某神是超出人类任何经验之外的一样，是傲慢无礼的。作为纯哲学解药的心理主义，和纯哲学一样幼稚。我认为心灵世界应与外部世界一样得到认可，并承认前者与后者一样现实。或许仍然有鱼会认为它们包含着大海，而在我看来，自我包含在心灵世界中。要做到用心理学理解形而上的表述，我们就必须丢弃对心灵世界长期以来形成的错觉。

像这类形而上理论的表达有"金刚体"，来自金花或

金花的秘密

The Secret of The Golden Flower

方寸的永不败坏的气息之身①。这些理论其实都是象征，

---

① 在《太乙金华宗旨》中没有明确说明是死后继续存在还是长生。类似"金丹"之类的表达方式含混不清。可以确定的是，在后面的内容中，瑜伽的教导完全是在修身。对相当原生态的思维来说，这种修身与修心的混搭完全不是问题，因为生死对他们来说，根本不像是对我们观念中那样是完全对立的。（除了民族学的一些资料记载的，与此相关的一个非常有趣的现象是英国"度亡小组"的"冥界沟通仪式"，他们的理念非常古老。）对死后状态的模糊不清也出现在早期基督教中，他们也采用类似"气息之身"概念的假设，认为它是生命的载体。这一古老理念的最新的版本是盖勒（法国医学家，与弗洛伊德师出同门，对灵媒现象著书立说，在这方面做了大量严格的科学实验。其研究对象包括特异功能、濒死体验、轮回转世、预测、占星术等。——中译者注）的超心理学理论。但因为我们这部经典中有警告不要迷信地使用此书的内容，例如不要去炼金，我们确信书中的教诲是精神的修炼。在经典的教导所要达到的境界中，我们的肉体的粗身被"气息之身"扮演的更加重要的角色所取代（这也是为什么呼吸在瑜伽中如此重要）。"气息之身"不代表我们西方所谓的"精神体"。西方人为了获取知识，把生命中肉体和精神分割开。但心理学必须承认的事实是，这对立的两面同存于人类的心灵之中。心灵同时包括肉体和精神，该经典中的理念所讲的正是这些"中间地带"。虽然心灵的现实决定了我们的生命，但我们对这些理念还是感到迷惑与不解，因为心灵的现实性还没有为我们普遍接受。没有灵魂，心和物就都是死的，这两者都是人造的抽象概念。事实上，心原本是变化无形的身体，而灵魂和物质也不可分割。——原注

代表一种心理状态。因为这些心理状态不夹杂任何主观因素，他们在一开始就被投射到各种主观心理状态中而被拟人化，所以他们经常被冠以果实、胚胎、小孩、生命体等诸如此类的名字。这样的心理事实最好的表达就是"不是我造就这心理，是这心理主宰我"。意识是主宰，这一错觉使我们坚定地认为：我活着。潜意识的存在粉碎了这一梦幻，它是客观的，而自我只是它的一部分。我们对潜意识的态度，就好比原始人认为儿子是自己生命的延续。这种态度表达自己的方式有时非常古怪，比如老黑人愤怒地抱怨他不听话的儿子，吼道："他有我的身体，可根本不听我指挥。"

内心感受的变化成长与喜得贵子的父亲的感觉一样。使徒保罗①也有感到这种变化的证言："现在活着的，不再是我，乃是基督在我里面活着。"上帝作为人类的儿子这一象征指的就是一个心灵体验：一个有着人格外衣的更高等的生命，一个灵体，在肉眼看不到的情

---

① 此节引用的保罗的话都出自《圣经·加拉太书》。——中译者注

况下诞生于人的心中。这一灵体是人类心灵未来的住所，用保罗的话说就是给自己穿上了外套。（"你们受洗归入基督的，都是披戴基督了。"）对个人的生命和健康无比重要的那些微妙的感觉，很难用理智的词语来表达。在某种意义上，我想要在此说明的体验是一种被取而代之的感觉，但这种取而代之绝没有被废除的意思。好像是生命中的一切都开始有了一个新的看不见的中心。尼采对此经历的比喻非常合适——"自由的与美丽的必然"。宗教演讲中充满了表达这种独立、平和与奉献的意象。

在这一伟大体验中，我看到的是一种与意识分离的现象。通过这种分离，主观的"我活着"变为客观的"它通过我活着"。后一种境界要比前一种高，就好像是从神秘参与所带来的压迫与无边的责任中解放出来。这一获得解放的感觉充满于保罗心中，这种作为上帝之子的意识救人们于苦难中。这也是一种与发生的一切取得和谐的感觉，也就是《慧命经》中所说的得道之人的光辉回归至大自然的美丽。

在使徒保罗的基督象征中,东西方最深刻的宗教体验相互碰撞。身负苦难的基督与玉宫中盛开的金花,多么强烈的反差、多少无尽的异议与多么宽广的历史鸿沟!这将促成未来心理学家的巅峰之作。

在所有目前存在的宗教问题中,最主要的问题还没有得到重视,那就是宗教精神的进化问题。说到这一问题我们不得不谈到东西方在对待"珍宝",也就是核心象征上的不同态度。西方强调的是人的转世重生,是上帝的人性与其历史性,而东方在这一问题上的表述是:"无始无终,无去无来。"按照这种理念,基督徒们把自己附属于一个高等的、神性的人格之下,期待着他的恩典;但东方人知道自己动手丰衣足食,要想得救还要靠自己,人能弘道,非道弘人。西方模仿基督的宗教理念的缺点是:因为是纯粹的模仿,我们长久以来膜拜包含人生终极意义的神,而忘记了实现我们自己的人生意义——自我觉悟。其实人们放弃觉悟自我会是比较舒服的一件事。如果耶稣当年这么做了,他会成为一个成功的木匠,而不是宗教

金花的秘密

The Secret of The Golden Flower

的叛逆。然而发生在耶稣身上的故事，即使今天仍然会在其他人身上重演。

对基督的模仿有着更深一层的含义，它可以被看作是一种责任，是给予人的信仰一种现实意义。具备和耶稣一样的勇气和自我牺牲精神，是一个人的性情最充分的表达。但我们明白不可能每个人都是人类的领袖或伟大的叛逆者，其实每个人都可以通过自己的方式觉悟。这种对自己的诚实才是我们的目标。伟大的变革往往萌芽于最不可能的地方。比如说，现在的人们不再像前人那样对自己的裸体感到那么害羞，这也许是认识自己的开始。从这一点开始会带来对许多过去是禁忌的事情的认知，因为生活的现实不可能像德尔图良①的"给年轻的女人罩上面纱"一样被永远挡在面纱的背后。揭开道德的面纱，只是朝着这一方向又迈进了一步。向前看去，那里站着一个人，他诚实地对待自己，向自己坦白一切。如果他觉得自己所

---

① 德尔图良（约160—225），迦太基神学家，被称为西方神学之父，提倡苦行。——中译者注

做的努力毫无意义,他就是不明事理的傻瓜,但如果他明白他这么和自己较劲到底是为什么,他将成为超凡之人,无论受多少苦。通过观察我们了解到,任何宗教初始期完全是具象的戒律或仪式,在后期会成为一种内心的感受,或一种精神的象征。随着时间的流逝,外部的事物变成了心中的信念。基于这种现象,同样的情况也很容易在现代人身上发生,尤其是新教徒。存在于外部的历史中的耶稣会有一天成为我们自身的神性。到那时,我们就是以我们欧洲的方式达到了东方意义上的开悟。

以上所讨论的是更高层次的意识向未知的目标前进,而不是一般意义上所谓的形而上学。目前看来这是心理学的,是可以被体验和理解的。感谢上帝,这一过程是真实存在的。一个充满着各种可能性而因此也是活生生的现实。我满足于可以亲身经历的,而拒绝一切玄学的,但并不是说我是一个不可知或怀疑论者,反对信仰和高层次的力量。我的意思和康德的"消极的限定概念"基本相同。避免一切对超自然现象的讨论是为了不去跨越人类大脑的界限，人类的大脑会觉得这些讨论是可笑的推测。当"上帝"或"道"被解释为人类灵魂中的力量或心灵的状态时，我们所说的是可以被了解的，并不涉及任何不可知的东西。因为我们对不可知的东西的一切讨论都是枉然。

结　论

我为此书写述评的目的是为了建立一个在东西方之间心理上相互理解的桥梁。任何理解的基础都是关于人的，所以，我必须探讨关于人类的问题。这也就是我没有深入地探讨技术细节，而只是讨论了一些最基本的普遍的概念的原因。只有那些对例如什么是照相机或什么是发动机感兴趣的人，技术方面的指导才有用处。而对这些机械装置一无所知的人，技术指导是毫无用处的。作为我写作对象的西方人正处在这样一个位置，因此对我来说，最重要的事是突出东西方的象征体系与心灵状态之间相一致的地方。通过这些

金花的秘密
The Secret of The Golden Flower

展示一致性的类比，一扇通往东方思想密室的门打开了。这一扇门的打开并不需要建立在失去我们自信的基础上，因此我们不会面对脱离我们根本的威胁。同时这一一致性也不是望远镜或显微镜，向我们展示一些和我们的生活无关，根本对我们没有任何意义的观点，它更像是一个关于全人类共同的苦难、寻觅与拼搏的环境的描述。这是一个关于觉醒的伟大实验，这是一个大自然赋予全人类的任务，完成它需要把各种不同的文化团结在一起。

西方人的意识绝不是一个普遍意义上的意识，他是一个受着历史和地理因素局限的意识，只代表了人类大家庭的一部分。我们意识的扩展不应以牺牲其他不同种类的意识为代价，而应是通过发展那些我们心灵中与异域的心灵中相似的因素来实现，正如东方世界不能没有我们的科学技术和工业。欧洲对东方的入侵是一个大规模的暴力行为，它留给我们的责任是理解东方的心灵，这个责任也许比我们现在所能意识到的更加必需。

欧洲曼陀罗的例子

下面提供一些前文提到过的病人画出的曼陀罗，最早的一幅作于1916年，所有这些曼陀罗都是在不受东方影响的情况下画出的。第四个曼陀罗中出现了《易经》卦象，这是一个受过大学教育的病人画出来的。他此前阅读过东方圣典系列的翻译，但是他把它们画出来只是因为他觉得这些内容对他的人生有着特殊的意义。据我所知，还没有一个欧洲的曼陀罗能够达到东方曼陀罗的和谐与完美。我从数不清的各种各样的欧洲曼陀罗中，挑选了十幅作为一个整体，它们可以清晰地揭示出东方哲学和西方潜意识心理过程的一致之处。

金花的秘密

The Secret of The Golden Flower

一、所有花中最神圣之花——金花。

二、曼陀罗的中央是金花，象征着丰饶的鱼（密宗曼陀罗用的是雷电图案）从这里向外发散。

金花的秘密

The Secret of The Golden Flower

三、中心是发光的花朵,星星依次绕其旋转。花的四
　　周是有八扇门的墙。整体上是一扇透明的玻璃窗。

《太乙金华宗旨》的分析心理学评述

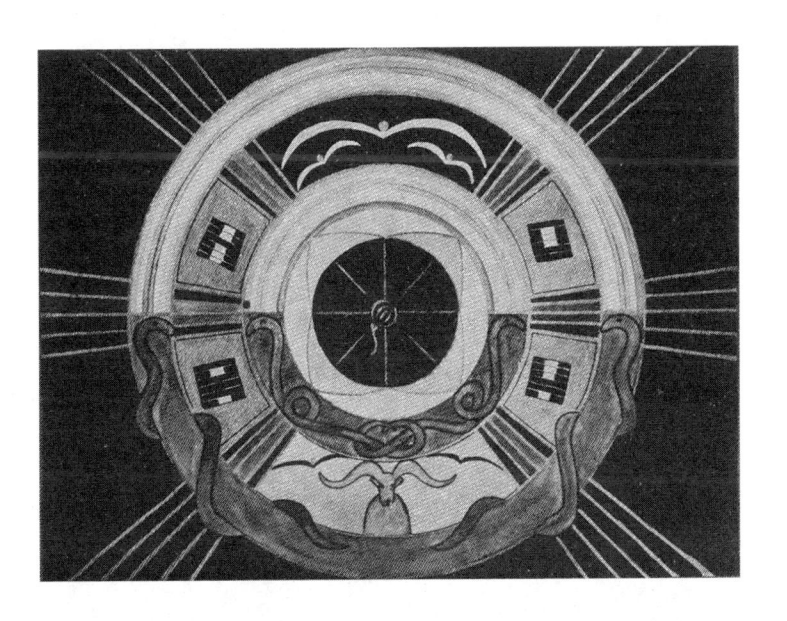

四、空界与地界（鸟和蛇）的分离。中央是有金星的花。

金花的秘密

The Secret of The Golden Flower

五、光明与黑暗的分离，魂和魄的分离。中心的图案代表禅坐。

六、中央的白光在苍穹中闪耀，第一圈是原形质的生命种子，第二圈包含四种最基本颜色的宇宙原则在旋转，第三和第四圈是创造性的能量向内外运转。四方是阴性和阳性的灵魂，都被分隔为光明和黑暗。

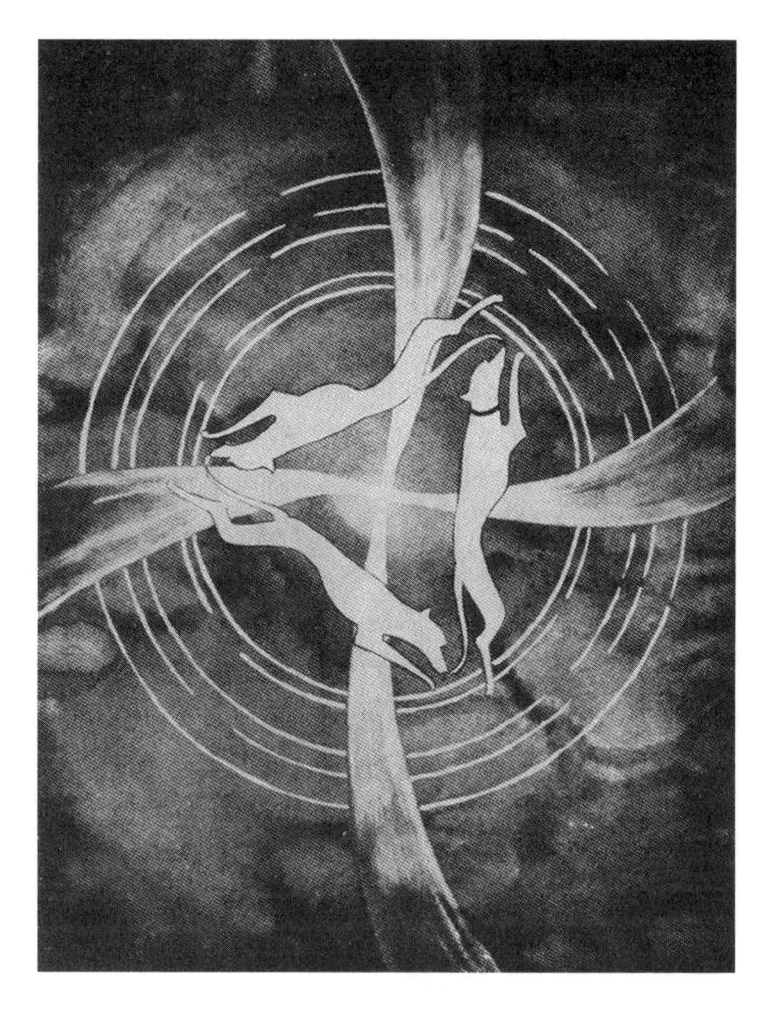

金花的秘密
The Secret of The Golden Flower

七、象征四元体的图案在旋转。

八、在旋转的运动中有四种基本颜色,中间是在生殖胞里的小孩。

金花的秘密

The Secret of The Golden Flower

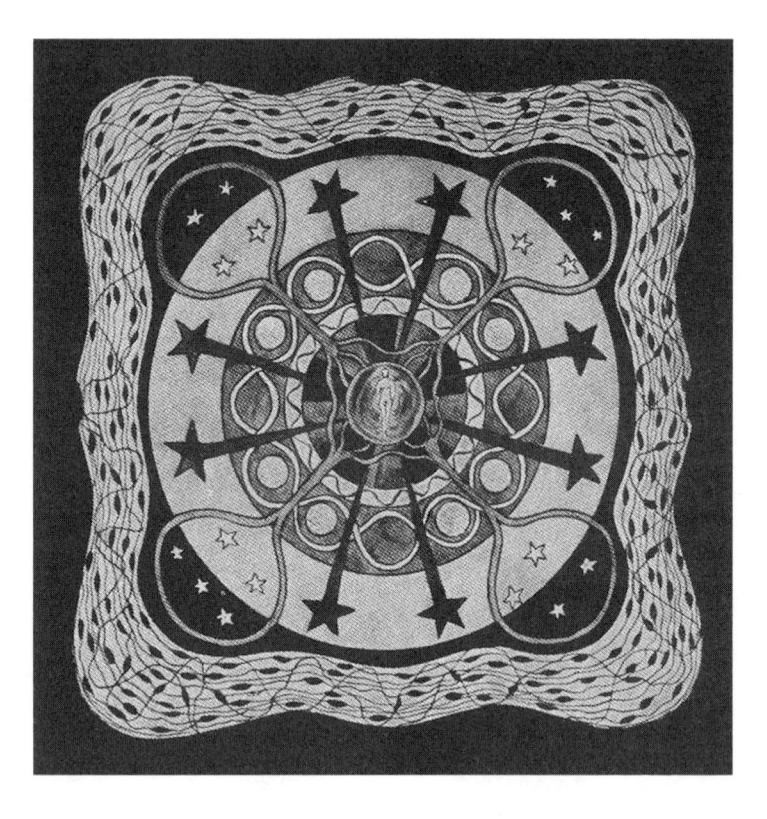

九、一个人在生殖胞中,来自宇宙的血管给他营养。整个宇宙围绕中心点旋转,又为中心点所吸引。在外围是神经组织,表示腹腔神经丛的活动。

十、四周有围墙和壕沟的要塞。里面一层是有围墙环绕的较宽的壕沟，上有16座高塔。再里面一层的沟渠围绕着一个金顶城堡，里面是一个金庙。

金花的秘密

The Secret of The Golden Flower

悼念卫礼贤①

荣 格

对我来说，谈论卫礼贤和他的事业不是一件容易的事，因为我们的出发点相距是如此之遥远，而我们的相遇更像是陨石撞到地球。他一生工作所涵盖的范围不在我的领域之内，而且，我也没有见到过那个塑造他而后又充满了他的中国，尤其是我对以中国为代

---

① 这篇纪念演讲做于 1930 年 5 月 10 号，慕尼黑。德文版的《金花的秘密》里原本没有包括这篇演讲，到了现在的这一版，1957 年的第五版才把它收了进来。——英译者注

表的东方的语言和活生生的精神表达并不熟悉。作为一个陌生的旁观者，我站在卫礼贤广阔的知识领域与经验世界之外，在这一领域中他是当之无愧的大师。如果我们只满足于做一个专业人士，作为一个汉学家的他和一个作为医生的我很有可能永远也不会相遇，但我们相遇在超越了学术界限的领域，一个关于人类的领域。正是在这里有着我们人生的交叉点，正是从这里飞出的火苗点燃了我生命中的明灯，这注定要成为我一生中最有意义的事件之一。也正是因为这样的一段经历，使我有资格谈论卫礼贤和他的作品，同时充满着感激与敬意去缅怀他的思想。他创造了连接东西方的桥梁，并给予了整个西方世界一个有着千年历史的珍贵文化遗产。

卫礼贤在其擅长的领域达到了极致的水平，他的思想可以触动全人类，现在如此，永远如此。除了中国，还有什么可以如此彻底地把他从欧洲的狭隘与传教士的视野中解放出来呢？实际上，在他刚刚接触到中国精神的秘密时，他就察觉到了深藏其中的宝藏，

金花的秘密
The Secret of The Golden Flower

为了这一稀世珍宝，他牺牲掉了自己欧洲式的偏见。使他能够毫无保留地向一个深邃的异域精神打开自己的，是他包容一切的人格和凌驾于一切之上的伟大心灵。为了接受这一文化，他贡献出了自己多方面的天赋与能力。一切平庸之辈在接触到外国的文化时，不是盲目丧失自我就是盲目批判。所以他对他事业的这种投入本身就是他的伟大精神的见证，他的精神超越基督教因自卑而引起的愤怒乃至欧洲的一切成见。很多的汉学家只接触到中国文化的表面，他们永远不会参与到这一文化之中，也就永远也不会具备交流的精神，具备一个新生体系所必需的相互交融与渗透。

一个普遍的规律是，所谓专家的头脑都是阳性的。对于这样的一种理性头脑来说，"生殖与繁育"是既陌生又不自然的事。因此对他们来说，在心中接受并培育一种不熟悉的精神是非常错误的选择。但一个更强大的头脑一定带有阴性的印记，它具备一个"子宫"，能够把不熟悉的变为自己熟悉的。卫礼贤有着最高级的精神生活的"母性"，正是这一卓尔不群的禀赋使他可以做出无人可比的翻译工作。

对于我来说，他的最伟大的成就是他对于《易经》的翻译与论述。在我见到卫礼贤的译本之前，多年以来我一直在使用莱济的不太地道的译本，因此我充分地认识到这两个译本之间的巨大差异。卫礼贤成功地通过一种新的与生动的方式，使这一古老的著作焕发生机。在此之前，不但很多汉学家，而且甚至很多现代的中国人，都把这一作品看作是一堆荒谬的魔法公式。没有哪部作品比《易经》更能代表中国文化的精神。千百年以来，中国最具智慧的人们一直在使用它，对它做出阐述。至少对那些明白它的意思的人们来说，无论它问世已经多少年，它都会万古长青。作为幸运的人群中的一员，我得益于卫礼贤的富有创造性的工作。作为一个中国大师①的学生和中国瑜伽的入门者，卫礼贤通过自己的亲身经历和细致的翻译工作把《易经》带入我们的生活。对卫礼贤来说，《易经》的实际应用永远不会过时。

---

① 卫礼贤在中国期间曾向劳乃宣学习中国经典，此处即指劳乃宣。——中译者注

金花的秘密
The Secret of The Golden Flower

除了这些珍贵的礼物之外，卫礼贤还给我们带来了任务，这一任务是如此之巨大，我们对它的难度也只能做出一些猜测。任何一个像我一样，通过与卫礼贤的交流亲身体验了《易经》预测力量的幸运儿，都不可能无视这样的事实——我们已经碰到了足以动摇西方人生观的阿基米德的支点。卫礼贤做的可不是一件小事，他为我们展示了一幅包容一切、色彩斑斓的中国文化的画卷，更重要的是，他传授给我们能够改变我们人生观的中国精神之精髓。我们不再仅仅是羡慕者或批判者，而是东方精神的参与者，已经能够成功地体验《易经》的力量。

乍一看来，《易经》发挥作用的基础与我们西方科学的因果思维方式格格不入。换句话说，它非常不科学，超出了我们科学判断的范围。

几年以前，当时的英国人类学协会主席问我为什么像中国这么有智慧的民族没有科学。我的回答是，这一定是一个视觉的错觉，因为中国确实有科学，它的代表作品是《易经》。中国的科学原则，和中国许多其他东西一样，与我们的概念完全不同。

《易经》的科学不是建立在因果原则基础之上，而是建立在我称为同步性原则基础之上的。我对潜意识心理的研究使我在多年以前就开始到处寻找另一种释义体系，因为因果原则不能够解释一些潜意识心理现象。我发现一些相互对应的心理现象不能够因果关系相互连接，而是按事件的同时性来连接，所以我称其为同步性①。这就仿佛是时间并不是一个抽象的概念，而是一个连续统一体。它可以以一种不能以因果对应原理来解释的方式同时作用于不同的地方，比如说，医师与病人

---

① 荣格用同步性来解释潜意识的显现，认为它是与因果原则一样重要的世界运转法则。同步性不是说事情一定要在同一时刻发生，而是说有着同样含义的事件不按照前因后果的顺序被连接在一起。荣格最喜欢的同步性的例子是他在治疗一位病人时，病人说他前一晚梦到有人给他金龟子。正在这时荣格听到有个小昆虫撞玻璃的声音，试图破窗而入。他打开窗户，抓到小虫——一只金龟子。这是这一病人治疗的转折点，病人终于放下了理性的防御，而这一防御一直阻碍病人的转变。金龟子正是埃及神话中重生的象征。——中译者注

之间好似碰巧出现的相同的思想、象征和心理状态。再例如，卫礼贤指出的欧洲和中国文化史上的同步性，它们是不可能互为因果的。如果结果都可以被验证的话，占星术可以是同步性一个绝好的例子。但至少有一些占星术的结果已被验证了，同时有着大量的数据作为后盾，证明对占星术做出一番哲学思考是值得的。（心理学对此也是十分认同，因为占星术是古代心理学知识之大全。）

通过一个人出生时的数据推演出一个人的性格这一相对事实可以证明占星术的效力。然而，关于生日的数据从来都不是以实际的星相星座为依据，而是依照一个武断的纯粹概念化的时间系统，因为二分点是在不断演进之中，而且春分点早已越过了零度白羊宫。如果有任何准确的占星术预测，那绝不是依据那些星座，而是因为我们假设的时间特性。换句话说，无论在这一时刻发生什么，都具备了这一时刻的特质。

这也是《易经》使用的基本公式。人可以通过操纵蓍草、硬币等依靠纯属巧合的方法来获得某一时刻卦象的知识。就在这一时刻,蓍草落了下来。唯一的问题是:比耶稣基督还早一千多年,文王和周公是否正确解释了蓍草落下的巧合。对这一问题,只有亲身经验来回答了。

在我的要求之下,卫礼贤在苏黎世心理学俱乐部的第一次演讲中展示了《易经》的应用,并做出了预测。在不到两年的时间里,所有的预测都丝毫不爽地应验了。类似于这样的经历还有很多。但是,和我已故的朋友一样,我不是想在这里证明《易经》占筮的有效,而是把它作为我讨论的前提。我想讨论的是通过《易经》卦象,可以读懂任一时刻这一灵异性。我们面对的是事件之间的关系,这样看来《易经》就与占星术有着实质上的联系,而不仅仅是一般的相似而已了。出生的八字与蓍草对应,而星座对应的是八卦,对星座的解释对应着卦辞。总的来说,在《易经》中达到顶峰的以同步性原则为基础的思想是中国思想最纯粹的表达。在西方,从赫拉克利特①时代以来的哲学中早已不见踪影,只在

---

① 赫拉克利特,公元前5世纪希腊哲学家。——中译者注

金花的秘密
The Secret of The Golden Flower

莱布尼茨①的思想中稍有点回音。然而，这种思想在西方从没有彻底灭绝过，它存在于占星术的暮色之中直至今日。

在我们的时代，《易经》可满足我们自我发展的需求。神秘主义在我们这个时代得到了前所未有的复兴，几乎使西方世界的思想之光相比之下都黯淡了下来。我不是在指责我们的学府及它们的代表。我是一个面对普通人的医生，所以我清楚我们的大学已经不是光明的传播者。人们已经厌倦了科学的专业化和逻辑性的研究，人们渴望能够拓展而不是限制他们的真理，渴望一种能够带来觉悟而不是迷惑，深入他们的骨髓而不是一带而过的真理。这种迫切的寻觅有把广大公众带入歧途的危险。

当我想到卫礼贤的成就和意义时，我经常想起那个第一次翻译《奥义书》并把它介绍到欧洲的法国人杜伯龙。《奥义书》传入欧洲之时，在欧洲正上演着一幕前

---

① 莱布尼茨（1646—1716），德国自然科学家、哲学家。——中译者注

所未有的好戏，18世纪末，理性女神在巴黎圣母院将基督教的神性赶下了宝座①。如今，像在巴黎那样闻所未闻的事情正在俄罗斯重演。当基督教的象征在欧洲变得如此软弱无力，佛教徒在考虑这是派传教士来欧洲的好时机时，是卫礼贤为我们带来了来自东方的光明。卫礼贤感到了这一文化使命的召唤，他意识到东方可以对我们的精神疾病给予治疗。

虽然一个穷人会希望得到别人抛给他慷慨的捐助，但是对他来说那不是真正的帮助。我们能对他更好的帮助是告诉他通过努力，他可以永久地摆脱自己的束缚。不幸的是，我们这个时代的精神乞丐们更喜欢接受来自东方的施舍，也就是说盲目地模仿和不加考虑地接纳这一精神财富。对这一危险怎么警告都不过分。卫礼贤本人也对这一危险深有体会。一种新鲜的感受或神经中的一种新的愉悦不能帮助欧洲的精神。中国用了千百年时间积累的东西靠偷是偷不来的。我们必须要通过努力才能拥有它。东方能够给予

---

① 指1789年爆发的法国大革命。——中译者注

金花的秘密
The Secret of The Golden Flower

我们一些帮助，但工作还需要我们自己来做。如果我们舍弃我们的文化根基，就像它们彻底过时了的似的，然后像无家可归的海盗偷偷摸摸地寄居在陌生的海滩上，《奥义书》的智慧或中国瑜伽的灵感对我们又有什么用呢？当我们无视我们自身的问题，当我们掩盖自己带着危险的暗流与黑暗的人性时，东方的真知灼见，最重要的是《易经》的智慧，对我们是没有意义的。这一智慧的光明将驱散黑暗，而不是停留在欧洲意识与意志力剧院的聚光灯中。如果我们看到中国的战乱屠杀、秘密社团的邪恶势力、无名的苦难和令人瞠目的肮脏与罪恶，我们才能够模糊地感受到《易经》是在怎样的一个背景下产生的。

如果我们想要体验活生生的中国智慧，我们需要一个三维的生活。我们首先需要我们欧洲自己的真理。道路始于欧洲的现实，而不是会使我们背离我们现实生活的瑜伽修行。如果我们想不愧对这位大师的教导，我们一定要在更广泛的意义上继续卫礼贤的翻译工作。正如他把东方的精神宝藏带入欧洲，我们应该把其中的人生意义融入我们的生活。

卫礼贤把"道"这一核心概念翻译为人生的意义，视人生的意义在生活中实现为"见道"。这就是一个学生的作业。但是"道"不可能产生于文字和聪明的戒律。我们明白"道"在我们心中和我们周围是怎样运转的吗？是通过模仿、理智和意志力的体操吗？我认为所有这些想法都与完成这一作业的使命不相称。那么我们从哪里开始呢？如果我们不能够以一种欧洲的——也就是现实的方式解决这一问题，卫礼贤的精神会与我们同在吗？一定要让这一问题成为修辞最后消失在一片喝彩声中吗？

让我们看向东方：在那里，命运正按照自己的计划向前发展。欧洲的大炮已经敲开了亚洲的大门，欧洲的科学技术、世俗主义和贪婪已经在中国泛滥，我们已经在政治上占领了东方。你知道罗马帝国推翻近东的统治政权时发生了什么吗？东方的精神来到了罗马，米思拉神①成为罗马帝国的战神，一个新的罗马

---

① 古代波斯的太阳神。——中译者注

金花的秘密
The Secret of The Golden Flower

精神来自小亚西亚的无人问津的角落。同样的事情今天就不会发生吗？像罗马人一样无知地对基督的迷信感到震惊。值得注意的是，英国和荷兰这两个在亚洲主要的殖民势力也是受印度教神智论影响最深的两个国家。其实我们的潜意识里充满了东方的各种象征，东方的精神就在我们的门口。因此我觉得在生活中实践人生的意义，实践对道的探索，已经成为一种普遍现象。这一现象的普遍程度比我们意识到的还要深得多。这一时代特征的最有意义的表达，就是卫礼贤和印度学者豪尔受邀在德国心理治疗师年度大会上做关于瑜伽的演讲。我们应该意识到，让一个直接面对正犯着病，到处找救命稻草的病人的开业医生去接触东方的治疗体系意味着什么。东方的精神深入我们所有的孔穴，直达我们最脆弱的地方。它可能是一种危险的传染，但也可能是药方。在西方，巴比伦式的语言混乱已经造成了大规模的方向迷失，以至于每个人都向往一种简明的道理，或至少是一种不只是让人动动脑子而是能动心的道理。它为沉思的大脑带来清澈，为受压迫的感觉带来祥和。正如古代的罗马人，我们今天又在为寻医治病进口他乡所谓的迷信。

人的本能告诉我们，真正伟大的真理一定是简单易行的，所以那些薄弱的人才会以为真理只能存在于过度的简化与陈词滥调中。另一种情况是他陷入另一个错误的极端，以为真理应该是有多复杂都不为过的。当今，在人民大众中有一种在心理上与一千九百年前诺斯替教相呼应的诺斯替式的运动。今天正如昨日，像伟大的希腊数学家阿波罗尼亚斯那样独自漫游的旅者正把精神的线索从欧洲引回亚洲，甚至最遥远的印度。

从这样一种历史视角来看，我把卫礼贤看作是把小亚西亚的文化遗产带给希腊精神的有着诺斯替教伪装的中间人，是他们从罗马帝国的废墟中升起一个崭新的世界。如今，精神的大陆已被洪水淹没，只留下在无边的洪水中些许山峰像小岛一样露出水面。如今，各种歧途在向我们召唤，冒牌预言家的小麦正在田间疯长。

金花的秘密
The Secret of The Golden Flower

在欧洲，一片各种观点刺耳的不和谐嘈杂中听到卫礼贤的声音，这个来自中国的信使的声音，真是一种福音。这种声音已经在中国人那像植物一样自然的头脑中磨炼了多年。它可以用简单的语言解释深邃的道理，向人们揭示真理简单但不乏深刻的含义。他在西方的土壤中移植了金花的嫩苗，给予人生及其意义一种新的感悟，使我们在意志力与骄傲自大所造成的紧张中得以喘息。

面对东方陌生的文化，卫礼贤展示了欧洲人中不多见的谦逊。他轻松上阵来接触这种智慧，不带偏见，不抱我比你强的成见，向它打开了自己的心扉。他容许自己被这种文化抓住并重塑，这样当他回到欧洲时，他为我们带回了不仅是心理的而是生命整体的真实的东方形象。因为我们的历史与东方有着巨大的不同，他是付出了巨大的牺牲才赢得了这一深度的转变。西方意识的敏锐与其严峻的各种问题，都需要在东方的更加世界性的、更加温和的自性面前弱化，西方的理性主义与一边倒的判断必须让位于东方的宽广与简单明了。对卫礼贤来说，这种改变当然不仅仅意味着学术观点的转变，而是一个构成他性格的全部部件的重组。要不是卫礼贤让他的那个欧洲的自己退出舞台，他永远也不会创造出这么完整的不带任何刻意与武断迹象的东方画卷。如果他坚持让东西方在他自己心中硬碰硬，他向我们展示真实中国的任务就不能完成。要完成这一命运交给他的使命，牺牲掉那个欧洲的卫礼贤是不可避免的，也是必须的。

卫礼贤以最高标准完成了任务。他不仅使我们有机会接触到中国人心灵中的宝藏，而且正如我所指出的，还为我们带来了这一精神的源泉与根基。这一源泉千百年来一直水波荡漾，卫礼贤把这一根基种在了欧洲的土壤中。随着这一使命的完成，他的事业也达到了顶峰，但不幸的是，也来到了它的终点。根据广为中国人所知的定律，一个阶段的完成正是另一个与之相反的阶段的开始。就这样，阳在其到达顶峰时转入阴，本来是正的开始变为负的。我在卫礼贤生命的最后几年才与他接近，随着他工作的完成，我注意到欧洲和欧洲人对他更

金花的秘密
The Secret of The Golden Flower

加地依赖,甚至是压迫性地依赖,同时卫礼贤心中产生了一种正处在巨大变革的边缘的感觉。至于这是一个什么样的变革,他自己也不是很清楚,他只知道,他面对着一个巨大的危机,这一精神生活的发展与他身体上的疾病同步。他的梦中充满了对中国的回忆,但出现在他面前的画面总是很悲伤凄凉,清楚地证明关于中国的内容开始变为负的。

没有任何是可以被永远牺牲掉的,一切都会以改变了的状态回归。做出巨大的牺牲后,当被牺牲掉的东西回归时,为了承受巨大变革所带来的冲击,它必会遇到一个依然健康的身体的抵制。因此,如此大的精神危机发生在一个被疾病折磨着的身体中,往往意味着死亡。现在牺牲的利刃就握在作为祭品的他自己手中,这时,曾经是献祭者的他必死。

很明显,我没有在这里保留自己的个人观点,因为如果我不谈我和卫礼贤交往的经历,我又如何去谈论卫礼贤呢?卫礼贤毕生的工作对我的价值是太大了,因为它解释并印证了那么多我为解决欧洲的精神苦难所探索、奋斗、努力和实践的许多内容。对我来说，清晰地从他那里听到那些来自欧洲潜意识的混乱中令我隐约有所感觉的东西，是极为重要的经历。事实上，他极大地丰富了我，使我觉得我从他那里得到的比从任何人那里都多。也因此我不揣冒昧地站在纪念他的讲台上，代表大家表达对他的感谢与尊敬。